目次

成績アップのための学習メソッド ▼2～5

学習内容	教科書のページ	本書のページ ぴたトレ1	ぴたトレ2	ぴたトレ3
見えないだけ		6	7	
1 広がる学びへ				
アイスプラネット	14～25	8	9	10～13
枕草子	28～33	14	15	
漢字1 熟語の構成	38～40	16	17	
2 多様な視点から				
クマゼミ増加の原因を探る	42～53	18	19	20～21
文法への扉1 単語をどう分ける?	58～59	22	23	24～25
情報社会を生きる				
「自分で考える時間」をもとう	60～66	26	27	
3 言葉と向き合う				
短歌に親しむ／短歌を味わう	68～72	28	29	30～31
言葉の力	74～77	32	33	
言葉1 類義語・対義語・多義語	78～81	34	35	
読書生活を豊かに				
翻訳作品を読み比べよう	84～85	36	37	
4 人間のきずな				
盆土産	92～105	38	39	40～43
字のない葉書	106～111	44	45	
言葉2 敬語	117～119	46	47	
漢字2 同じ訓・同じ音をもつ漢字	120～122	48	49	
5 論理を捉えて				
モアイは語る——地球の未来	124～133	50	51	52～53
月夜の浜辺	138～145	54	55	

学習内容	教科書のページ	本書のページ ぴたトレ1	ぴたトレ2	ぴたトレ3
6 いにしえの心を訪ねる				
平家物語	150	56	57	
扇の的——「平家物語」から	151～157	58	59	60～61
仁和寺にある法師——「徒然草」から	158～161	62	63	64～65
漢詩の風景	162～168	66	67	
7 価値を語る				
君は「最後の晩餐」を知っているか 「最後の晩餐」の新しさ	170～183	68	69	70～71
文法への扉2 走る。走らない。走ろうよ。	186～187	72	73	74～75
読書に親しむ				
研究の現場にようこそ	188～190	76	77	
8 表現を見つめる				
走れメロス	196～213	78	79	80～83
文法への扉3 一字違いで大違い	214～215	84	85	86～87
言葉3 話し言葉と書き言葉	220～221	88	89	
漢字3 送り仮名	222～223	90	91	
木	228～230	92	93	
文法				
一年生の復習	232～233			94～95
学習を広げる				
形	274～276			96～97
生物が記録する科学——バイオロギングの可能性	277～283			98～101
古典の世界を広げる	284～289			102～104

定期テスト予想問題 ▼105～120

解答集 ▼別冊

効率よく勉強してテストでいい点を取ろう

成績アップのための学習メソッド

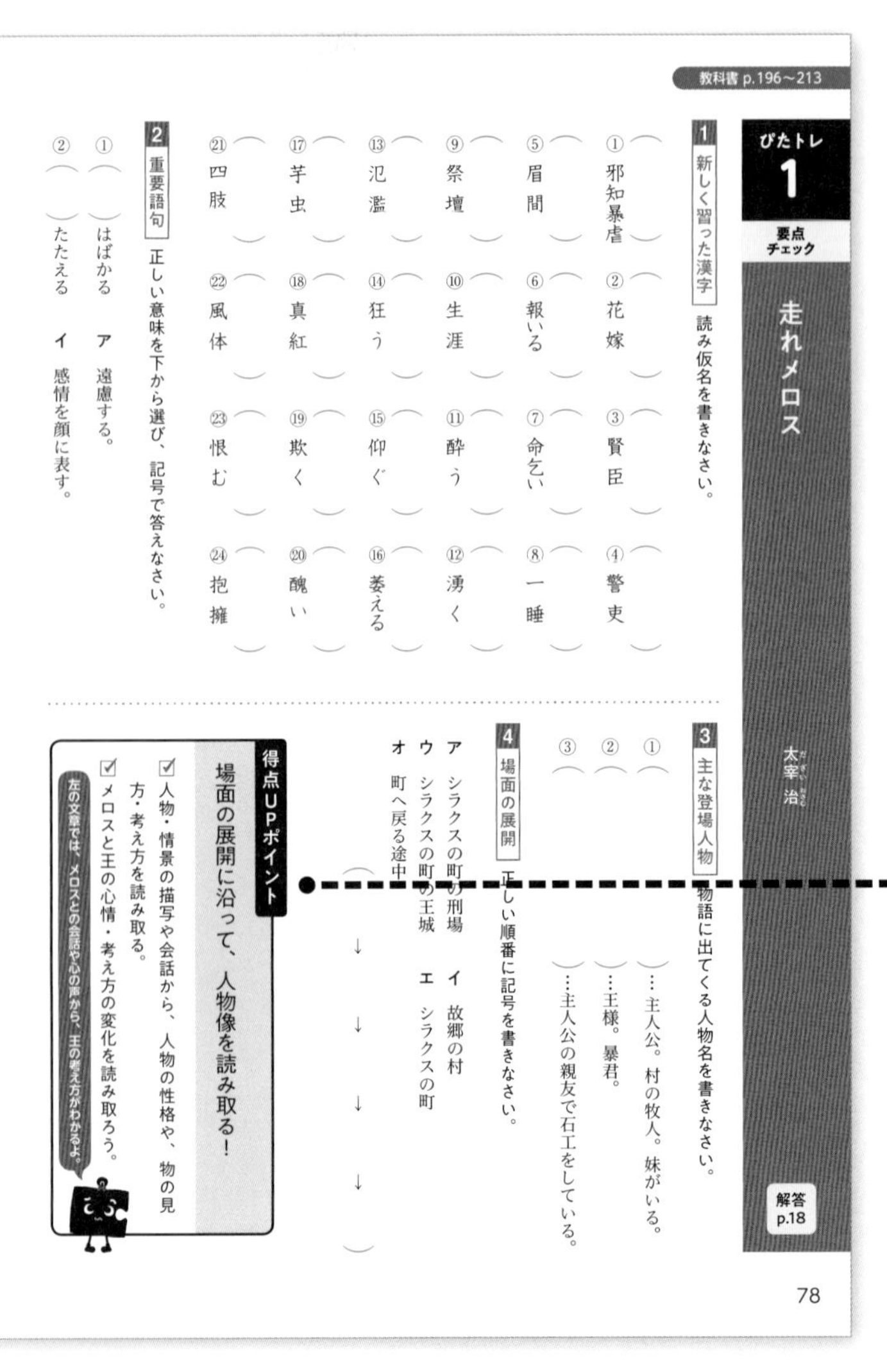
教科書 p.196～213

ぴたトレ 1 要点チェック

走れメロス

太宰 治

1 新しく習った漢字 読み仮名を書きなさい。

①邪知暴虐（　）②花嫁（　）③賢臣（　）④警吏（　）
⑤眉間（　）⑥報いる（　）⑦命乞い（　）⑧一睡（　）
⑨祭壇（　）⑩生涯（　）⑪酔う（　）⑫湧く（　）
⑬氾濫（　）⑭狂う（　）⑮仰ぐ（　）⑯萎える（　）
⑰芋虫（　）⑱真紅（　）⑲欺く（　）⑳醜い（　）
㉑四肢（　）㉒風体（　）㉓恨む（　）㉔抱擁（　）

2 重要語句 正しい意味を下から選び、記号で答えなさい。

①（　）はばかる　ア 遠慮する。
②（　）たたえる　イ 感情を顔に表す。

3 主な登場人物 物語に出てくる人物名を書きなさい。

①（　）…主人公。村の牧人。妹がいる。
②（　）…王様。暴君。
③（　）…主人公の親友で石工をしている。

4 場面の展開 正しい順番に記号を書きなさい。

ア シラクスの町の刑場　イ 故郷の村
ウ シラクスの町の王城　エ シラクスの町
オ 町へ戻る途中

（　）→（　）→（　）→（　）→（　）

得点UPポイント

場面の展開に沿って、人物像を読み取る！

☑ 人物・情景の描写や会話から、人物の性格や、物の見方・考え方を読み取る。
☑ メロスと王の心情・考え方の変化を読み取ろう。

左の文章では、メロスとの会話や心の声から、王の考え方がわかるよ。

解答 p.18

78

ぴたトレ1

要点チェック

教科書の教材についての理解を深め、基礎学力を定着させます。

言語知識の確認
教科書の新出漢字・重要語句が順番にのっています。

読解教材の基礎知識
登場人物や段落分けなどを問題形式で確認できます。

得点UPポイント
国語の力が付くように、文章読解する際のポイントを示しているよ!

スタートアップ
教材の要点や覚えておくべき文法事項をまとめているよ!

リー子

学習メソッド

STEP1
ノートを整理・確認
定期テストでは授業で取り上げた内容が出やすい。板書を見直して重要なところをおさらいしよう。

←

STEP2
基礎を固める
テスト期間が始まったら、まずはぴたトレ1で教材の要点や文法、新出漢字を復習しよう。
問題を解くのに時間はかけず、横にノートを置いてこまめに確認しながら問題を解いていこう。

←

STEP3
新出漢字を集中特訓
教科書で習った順にまとめられた別冊「mini book」を使って、漢字はすべて書けるように練習しよう。

ぴたトレ
2
練習

走れメロス

1 読解問題 文章を読んで、問いに答えなさい。 教科書199ページ16行〜200ページ6行

それを聞いて王は、①残虐な気持ちで、そっとほくそ笑んだ。生意気なことを言うわい。どうせ帰ってこないに決まっている。このうそつきにだまされたふりして、放してやるのも②おもしろい。そうして身代わりの男を、三日目に殺してやるのも気味がいい。人は、これだから信じられぬと、わしは悲しい顔して、その身代わりの男を磔刑(たっけい)に処してやるのだ。世の中の、正直者とかいうやつばらにうんと見せつけてやりたいものさ。

「願いを聞いた。その身代わりを呼ぶがよい。三日目には日没までに帰ってこい。遅れたら、その身代わりを、きっと殺すぞ。ちょっと遅れて来るがいい。おまえの罪は、永遠に許してやろうぞ。」

「なに、何をおっしゃる。」

「はは。命が大事だったら、遅れて来い。③おまえの心は、わかっているぞ。」

メロスは悔しく、じだんだ踏んだ。ものも言いたくなくなった。

太宰 治「走れメロス」より

(1) ——線①「残虐な気持ち」とありますが、その内容が書かれているのはどこですか。文章中から探し、初めと終わりの五字を抜き出しなさい。(句読点を含む)

□〜□

ヒント 王の心の声が書かれている部分を探すよ。

(2) ——線②「おもしろい。」とありますが、このとき王はどんなことを考えていましたか。次から一つ選び、記号で答えなさい。

ア 人の心はあてにならないことを証明できるぞ。
イ うそと知ってだまされるわしも、お人よしじゃわい。
ウ 人の心を信じることができるかもしれぬ。

(　)

ヒント 王のたくらみを読み取ろう。

(3) ——線③「お前の心は、わかっているぞ。」とありますが、王はメロスが心の中ではどう思っていると考えていますか。次から一つ選び、記号で答えなさい。

ア 三日目の日没までには何としても帰ってこよう。
イ 遅れて帰って、身代わりに死んでもらおう。
ウ 王は三日目の日没より前に身代わりを殺すだろう。

(　)

ヒント メロスは王の言葉を聞いて、悔しがっているよ。

タイムトライアル 10分

解答 p.18

79

ぴたトレ2

練習

短い文章問題や言語問題を解いて、理解力や応用力を高めます。

文章読解の練習

文章読解では500字程度の短い文章をすばやく読む練習をします。

文法問題の練習

文法問題ではテストに出やすい問題を中心にまとめています。

ヒント

問題を解くうえでの注意点やポイントを示しているよ!

タイムトライアル

時間を意識して文章を読もう。目標タイムはクリアできるかな。

学習メソッド

STEP1

教科書の文章を読む

文章を少なくとも2回は音読して どんな内容が書かれているのか、頭のなかでイメージできるようにしておこう。

←

STEP2

時間を計って問題を解く

ぴたトレ2の文章には目標時間が設定されている。時間を意識してすばやく解く練習をしよう。

←

STEP3

もう一度解き直す

解いた後に音読をしてからもう一度解けばより理解が深まる。

定期テストで点を取るためには教科書の文章を何度も「音読すること」が大切だよ。
テストのときに文章を読まなくても解けるくらいに、教材の内容をしっかり頭に入れておこう!

ター坊

ぴたトレ 3 確認テスト①

走れメロス

1 思考・判断・表現　文章を読んで、問いに答えなさい。　教科書207ページ15行～209ページ3行

道行く人を押しのけ、跳ね飛ばし、メロスは黒い風のように走った。野原で酒宴の、その宴席の真っただ中を駆け抜け、酒宴の人たちを仰天させ、犬を蹴飛ばし、小川を飛び越え、少しずつ沈んでゆく太陽の、十倍も速く走った。一団の旅人とさっと擦れ違った瞬間、不吉な会話を小耳に挟んだ。「今頃は、あの男も、はりつけにかかっているよ。」ああ、その男、その男のために私は、今こんなに走っているのだ。その男を死なせてはならない。急げ、メロス。遅れてはならぬ。愛と誠の力を、今こそ知らせてやるがよい。風体なんかはどうでもいい。メロスは、今は、ほとんど全裸体であった。呼吸もできず、二度、三度、口から血が噴き出た。見える。はるか向こうに小さく、シラクスの町の塔楼が見える。塔楼は、夕日を受けてきらきら光っている。

「ああ、メロス様。」うめくような声が、風とともに聞

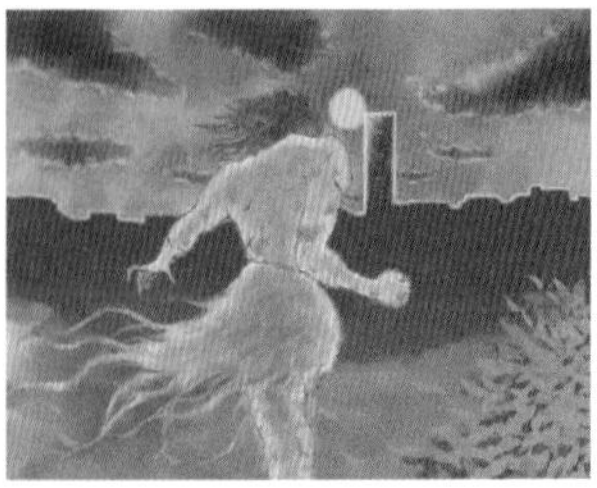

(1) ――線①「不吉な会話を小耳に挟んだ。」とありますが、このときのメロスの思いが書かれた部分を文章中から探し、初めと終わりの四字を抜き出しなさい。（句読点を含む。） 10点

(2) ――線②「あの男」とは、誰ですか。名前を答えなさい。 10点

(3) ――線③「今は、ほとんど全裸体であった。」とありますが、この他にもメロスが命懸けで走っている様子がわかる一文を文章中から探し、初めの六字を抜き出しなさい。 10点

よく出る (4) ――線④「赤く大きい夕日ばかりを見つめていた。」とありますが、このときのメロスはどんな気持ちでしたか。次から一つ選び、記号で答えなさい。 10点

ア 今は走り続けるしかないという強い気持ち。
イ 走ることは無駄になるかもしれないという不安な気持ち。
ウ 恨み言を並べるフィロストラトスにいらだつ気持ち。

(5) ――線⑤「刑場に引き出されても、平気でいました」とありますが、なぜ平気だったのですか。 10点

(6) ――線⑥「王様がさんざんあの方をからかって」とありますが、王様はどんなことを言ったと考えられますか。次から一つ選び、記号で答えなさい。 10点

ア メロスがどんな姿で帰ってくるか楽しみだ。
イ メロスはお前が思うより早く帰ってくるかもしれないな。
ウ メロスが帰ってくると信じているなんて、お前はどうかしている。

考える (7) ――線⑦「もっと恐ろしく大きいもの」とありますが、それは何ですか。二十五字程度で答えなさい。 20点

時間20分　／100点　合格75点　解答p.18

80

ぴたトレ3

確認テスト

テストでも出題されやすいところを実戦形式で解く実力確認問題です。

実戦的な出題
文章はテストによく出る部分を厳選しています。

豊富な記述問題
自由記述の問題が多いですが、答えにはほぼすべての問題の解説がのっています。

よく出る
定期テストに出題されやすい問題だよ!

考える
自分の考えや意見、感想を書く問題だよ!

学習メソッド

STEP1 応用力を身につける
ぴたトレ3では記述問題を中心に難易度の高い問題が出題される。時間を計って実力を確認しよう。

←

STEP2 理解を深める
間違えた問題は必ず解答解説を確認して、本番でも解けるように理解を深めておこう。

←

STEP3 本番前の最終確認
巻末の「定期テスト予想問題」をテスト直前に解いておこう。
余裕があれば音読をもう一度、新出漢字はmini bookを確認して確実に得点できるようにしよう。

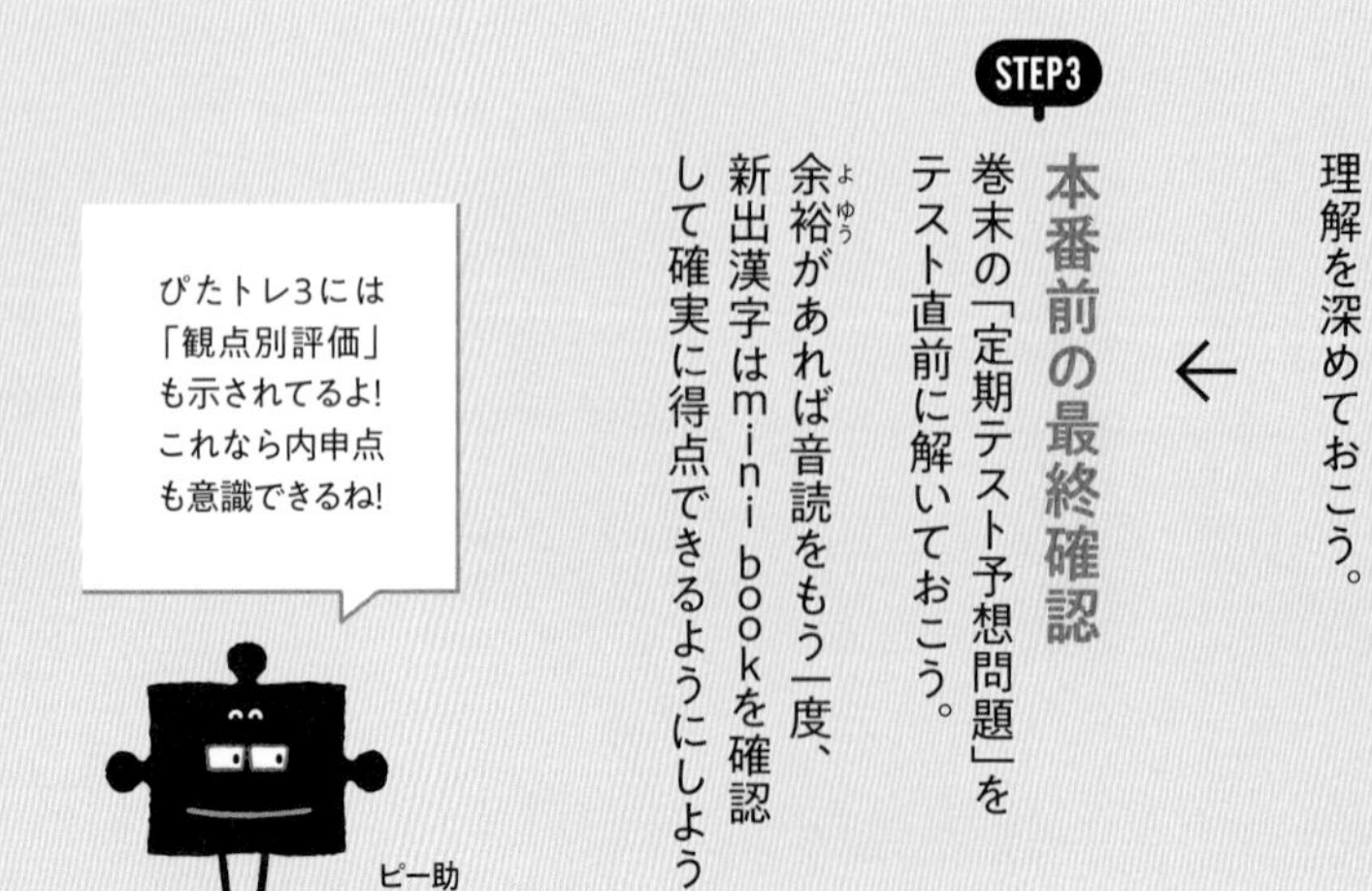

教科書 p.196～230

定期テスト予想問題 14

走れメロス

文章を読んで、問いに答えなさい。

　ふと耳に、せんせん、水の流れる音が聞こえた。そっと頭をもたげ、息をのんで耳を澄ました。すぐ足元で、水が流れているらしい。よろよろ起き上がって、見ると、岩の裂け目からこんこんと、①何か小さくささやきながら清水が湧き出ているのである。その泉に吸い込まれるようにメロスは身をかがめた。水を両手ですくって、一口飲んだ。ほうと長いため息が出て、夢から覚めたような気がした。歩ける。行こう。肉体の疲労回復とともに、僅かながら②希望が生まれた。義務遂行の希望である。我が身を殺して、名誉を守る希望である。斜陽は赤い光を木々の葉に投じ、葉も枝も燃えるばかりに輝いている。日没までには、まだ間がある。私を待っている人があるのだ。少しも疑わず、静かに期待してくれている人があるのだ。私は信じられている。私の命なぞは問題ではない。死んでおわびなど、気のいいことは言っておられぬ。私は信頼に報いなければならぬ。③今はただその一事だ。走れ！　メロス。

　④私は信頼されている。私は信頼されている。先刻の、あの悪魔のささやきは、あれは夢だ。悪い夢だ。忘れてしまえ。五臓が疲れているときは、ふいとあんな悪い夢を見るものだ。メロス、おまえの恥ではない。やはり、おまえは真の勇者だ。再び立って走れるようになったではないか。ありがたい！　私は正義の士として死ぬことができるぞ。ああ、日が沈む。ずんずん沈む。待ってくれ、ゼウスよ。私は生まれたときから正直な男であった。正直な男のままにして死なせてください。

太宰 治「走れメロス」より

(1) ――線①「何か小さくささやきながら」とありますが、ここに用いられている表現技法は何ですか。次から一つ選び、記号で答えなさい。 20点

ア 倒置　イ 直喩　ウ 擬人法

(2) ――線②「希望」とありますが、どのような希望ですか。文章中から二つ、七字で抜き出しなさい。 各15点

(3) ――線③「今はただその一事だ。」とありますが、「その一事」とはどんなことですか。文章中の言葉を用いて、十字以内で答えなさい。 25点

(4) ――線④「私は信頼されている。私は信頼されている。」とありますが、メロスはなぜ同じ言葉を二度繰り返しているのですか。簡潔に答えなさい。 25点

時間15分

／100点

合格75点

解答 p.32

(1)	(2)		(3)	(4)

定期テスト予想問題

テスト直前に解くことを意識した1ページ完結の実力テスト問題です。

- 全15回収録のテスト問題です。
- 読解問題を中心に、教材によっては文法問題も出題されます。

通知表と観点別評価

学校の通知表は

- 知識及び技能
- 思考力・判断力・表現力
- 主体的に学習に取り組む態度

といった観点別の評価をもとに作成されています。

本書では、観点別の評価問題を取り上げ、成績に直接結び付くようにしました。

［ ぴたトレが支持される3つの理由!! ］

1

35年以上続く超ロングセラー商品

昭和59年の発刊以降、教科書改訂（かいてい）にあわせて教材の質を高め、多くの中学生に使用されてきた実績があります。

2

教科書会社が制作する唯一の教科書準拠（じゅんきょ）問題集

教科書会社の編集部が問題集を作成しているので、授業の進度にあわせた予習・復習にもぴったり対応しています。

3

日常学習～定期テスト対策まで完全サポート

部活などで忙しくても効率的に取り組むことで、テストの点数はもちろん、成績・内申点アップも期待できます。

ぴたトレ 1 要点チェック

見えないだけ

牟礼慶子

解答 p.1

1 重要語句 正しい意味を下から選び、記号で答えなさい。

①（　）はぐくんでいる　　ア 今か今かと待つ。
②（　）待ちかねている　　イ 大切に守り育てている。

2 詩の種類と連数 詩の用語・形式上の種類と連数を答えなさい。

① 詩の種類…（　　　）
② 連数　　…（　　）連

3 表現技法 次の説明に当てはまる表現技法を答えなさい。

① 文末や句末を体言（名詞）で結ぶ方法。（　　　）
② 言葉を形や意味が対応するように並べる方法。（　　　）
③ 人間でないものを人間にたとえて表す方法。（　　　）

一年生で学習した表現技法だよ。この詩でも使われているね。これらの技法に注意しながら、音読してみよう。作者の思いがきっと伝わってくるはずだよ。

スタートアップ

詩の用語・形式上の種類

☑ 口語自由詩（現代の言葉で書かれた、行数や音数に一定の決まりがない詩。）

表現技法

☑ 対句…詩にリズムとまとまりが生まれ、整然とした印象を与える効果がある。

例 空の上には／もっと青い空が浮かんでいる
↕　　　↕　　　↕
波の底には／もっと大きな海が眠っている

☑ 擬人法…そのものの状態をイメージしやすくなったり、感情移入しやすくなったりする効果がある。

例 大きな海が眠っている（「海」を人にたとえている。）

☑ 体言止め…余韻を残したり、詩の世界観に広がりを出したりする効果がある。

例 ことばがはぐくんでいる優しい世界（「世界」が体言。）

詩の主題

☑ まだ見えないものの存在を信じて、希望をもって前に進もうという強い思いとよびかけ。

ぴたトレ 2

練習

見えないだけ

1 読解問題 詩を読んで、問いに答えなさい。

教科書 巻頭詩

見えないだけ　　牟礼慶子

空の上には
①もっと青い空が浮かんでいる
波の底には
もっと大きな海が眠っている
胸の奥で
ことばがはぐくんでいる優しい世界
次の垣根(かきね)で
②蕾(つぼみ)をさし出している美しい季節
少し遠くで
待ちかねている新しい友だち
③あんなに確かに在るものが
まだここからは見えないだけ

〈「ことばの冠」〉より

タイムトライアル 10分

解答 p.1

(1) ――線①「もっと」には、作者のどんな気持ちが込められていますか。次から一つ選び、記号で答えなさい。

ア　欲ばっている気持ち。
イ　今よりもよいという気持ち。
ウ　現実には無理だけど、願ってやまない気持ち。

（　　）

ヒント　作者は読み手に何を伝えようとしているのかな。

(2) ――線②「蕾」とありますが、作者はなぜこの言葉を使ったのですか。次から一つ選び、記号で答えなさい。

ア　蕾のように小さい存在であることを伝えたかったから。
イ　蕾には、その後の可能性を感じさせる意味があるから。
ウ　蕾のような美しさがあることを伝えたかったから。

（　　）

ヒント　蕾はその後、何になるのか想像してみよう。

(3) ――線③「あんなに確かに在るもの」とは具体的に何ですか。詩の中から五つ、簡潔に抜き出しなさい。

（　　）（　　）
（　　）（　　）
（　　）

ヒント　見えないものとして挙げられているものを抜き出そう。

ぴたトレ 1
要点チェック

アイスプラネット

椎名誠

解答 p.1

1 新しく習った漢字　読み仮名を書きなさい。

①支度（　）②郊外（　）③六畳（　）④赴任（　）
⑤歓迎（　）⑥唯一（　）⑦幼稚（　）⑧怪しい（　）
⑨脚（　）⑩勘違い（　）⑪惑星（　）⑫撮る（　）
⑬ほら吹き（　）⑭雄弁（　）⑮極端（　）⑯寂しい（　）
⑰突然（　）⑱慌てる（　）⑲握る（　）⑳大股（　）
㉑封筒（　）㉒貼る（　）㉓詰まる（　）

2 重要語句　正しい意味を下から選び、記号で答えなさい。

①（　）精密　ア 非常にかたよっていること。
②（　）極端　イ 細部まで巧みにできていること。

3 主な登場人物　物語に出てくる人物（名）を書きなさい。

①（　）…「僕」。主人公の中学生。
②（　）…「僕」の家のいそうろう。本名津田由起夫。
③（　）・（　）…①の両親。②に対する思いが異なる。

4 「僕」の気持ちの変化　正しい順番に記号を書きなさい。

ア 「ぐうちゃん」のほら話に、からかわれていると感じる。
イ 「ぐうちゃん」からの手紙で、話が真実であることに気づく。
ウ 「ぐうちゃん」が外国に旅立つことに寂しさを感じる。
エ 「ぐうちゃん」の話はおもしろい。「ぐうちゃん」が大好き。

（　）→（　）→（　）→（　）

得点UPポイント

登場人物の関係と考え方を読み取る！

☑ 登場人物の言葉や行動には、心情や考え方が表れる。
☑ ぐうちゃんに対する「母」や「父」の思いと、「僕」の気持ちの変化を読み取ろう。

左の文章では、「父」のぐうちゃんに対する思いがわかるよ。

ぴたトレ 2

練習

アイスプラネット

解答 p.1

1 読解問題　文章を読んで、問いに答えなさい。

教科書14ページ1行〜11行

僕のおじさん[①]は「ぐうちゃん」という。津田由起夫三十八歳。いそうろう。

僕の母親の弟だ。いつも母に怒られている。学生の頃に外国のいろんな所を旅していたらしく、気づいたときには僕の家に住み着いていた。そして、長いこと「ぐうたら」しているから、いつのまにか「ぐうちゃん」というあだ名になってしまった。でも、ぐうちゃんは変わった人で、そう言われるとなんだかうれしそうだ。それを見て僕の母はまた怒る。怒るけど「これ、ぐうちゃんの好物。」なんて言いながら、ご飯の支度をしているから母もちょっと変わっている。

僕の家は東京の西の郊外にあって、父の祖父が建てた。古い家だけれど、ぐうちゃんが「いそうろう」できる六畳間があって、そこでぐうちゃんは「ぐうたら」している。父[②]は単身赴任で仙台（せんだい）にいて、週末に帰ってくる。父はぐうちゃんがいると何か力仕事が必要になったときに安心だから、と言って、父はぐうちゃんのいそうろうを歓迎しているみたいだ。

椎名 誠「アイスプラネット」より

(1) ——線①「僕のおじさん」の本名とあだ名を答えなさい。

本名（　　　　）

あだ名（　　　　）

ヒント　「というあだ名になってしまった。」とあるよ。

(2) (1)で答えたあだ名がつけられた理由を答えなさい。

（　　　　）

ヒント　理由を表す「〜から」を探そう。

(3) ——線②「父」は、ぐうちゃんのことをどう思っていますか。次から一つ選び、記号で答えなさい。

ア 自分が家にいない間、自分の代わりに力仕事ができるから、ぐうちゃんが家にいることを歓迎している。

イ 長い間、家に住み着いているから、そろそろ家を出て行くことを願っている。

ウ 仕事もあまりせずに部屋で「ぐうたら」しているから、決まった仕事についてほしいと思っている。

（　　　　）

ヒント　「父」が言った言葉に着目しよう。

ぴたトレ 3 確認テスト①

アイスプラネット

時間20分 ／100点 合格75点 解答 p.1

1 思考・判断・表現 文章を読んで、問いに答えなさい。

教科書15ページ16行～17ページ18行

その日も、夕食の後に僕はぐうちゃんの部屋でほら話を聞いていた。

でっかい動物の話だった。

「悠君。①世界でいちばん長い蛇は何だか知っているか。」

ぐうちゃんは、細い目をめいっぱい見開くようにして僕にきいた。それは、いつもおもしろい話をするときのぐうちゃんの癖で、だから、僕はぐうちゃんの②その表情が好きだ。でも、今日は話のテーマがちょっと幼稚すぎる。とはいえ、宿題するよりはずっとおもしろそうだから、母に見つかるまでその話を聞いていることにした。

「③アナコンダとかいうやつだね。アフリカの密林あたりにいる。」

「悠君は地理に弱いんだなあ。アナコンダがいるのはアマゾンだよ。現地の人はスクリージュとよんでいて、これはポルトガル語で水蛇という意味だ。長く太くなりすぎて蛇行するには地球の重力が負担になって水に入ったんだ。」

「泳いでいて出会ったら嫌だな。飲み込まれちゃいそうだ。」

「そう。本当に人間なんか簡単に飲み込んでしまう。生きている馬だって飲み込んじゃうんだぞ。」

ぐうちゃんの話はいつも怪しい。僕がおもしろがればいいと思っているのだ。

「そんなのうそだろ。だって馬の背は人間よりはるかに高いし、体

(1) ――線①「世界でいちばん長い蛇」とありますが、それは何ですか。文章中から五字で抜き出しなさい。 10点

(2) ――線②「その表情」とは、どんな表情ですか。文章中の言葉を用いて答えなさい。 10点

(3) ――線③「アナコンダ」は、なぜ水に入るようになったのですか。文章中の言葉を用いて答えなさい。 15点

よく出る

(4) ――線④「ありえねえ。」とありますが、「僕」はなぜこのように言ったのですか。次から一つ選び、記号で答えなさい。 15点

ア　アマゾンに大きなアナコンダはいないと思ったから。

イ　アナコンダより大きな人間が、アナコンダに飲み込まれることはないと思ったから。

ウ　人間よりはるかに大きくて、五百キロはある生きている馬が、アナコンダに飲み込まれることはないと思ったから。

(5) ――線⑤「ほら話の世界に取り込まれてしまいそうになる。」とありますが、それはなぜですか。次から一つ選び、記号で答えなさい。 10点

ア　ぐうちゃんの話し方に力が籠もっているから。

イ　自分の知らない本当の話を教えてくれるから。

ウ　ぐうちゃんの話し方が変だから。

考える

(6) ――線⑥「さすがに頭にきた。」とありますが、その理由を「三メートルのナマズ」「小学生ぐらい」という言葉を用いて、答えなさい。 20点

重だって普通五百キロはあるって何かの本で読んだよ。アナコンダがいくら大きいといってもそんな大きな口は開けられないだろ。④ありえねえ。」

「ありえねくないんだよ。」

　ぐうちゃんは変な言い方をした。

「立っている馬をそのまま大口を開けて飲み込むわけじゃないんだ。まず馬の首のあたりにかみついて馬をひっくり返す。それから馬の体に巻き付いて馬の脚の骨をバキバキ折っていく。飲み込みやすいように全体を丸くしていくんだなあ。それから、ゆっくり、飲んでいくんだ。」

　本当かなあ。力の籠もった話し方を聞いていると、うっかりぐうちゃんの⑤ほら話の世界に取り込まれてしまいそうになる。でもその怪しさがやっぱりおもしろい。

「悠君。アマゾンの動物はみんな大きいんだ。ナマズもでっかいのがいるぞ。どのくらいだと思う？」

　どうせほら話だから僕も大きく出ることにした。

「そうだね。じゃ一メートル！」

「ブップー。」

　外れの合図らしいけど、まるっきり子供扱いだ。

「アマゾンでは普通に三メートルのナマズがいるよ。」

「うそだあ。ありえねえ。」

　⑥さすがに頭にきた。僕を小学生ぐらいと勘違いしているんだ。

「うそじゃないよ。口の大きさが一メートルぐらいだよ。」

椎名誠「アイスプラネット」より

2 ――線の片仮名を漢字で書きなさい。　各5点

① 東京コウガイに引っ越す。
② 海外にフニンする。
③ 経験をユウベンに語る。
④ 言葉にツまる。

1						2	
(1)	(2)	(3)	(4)	(5)	(6)	①	③
						②	④

ぴたトレ 3 確認テスト②

アイスプラネット

時間20分　／100点　合格75点　解答 p.2

1 思考・判断・表現　文章を読んで、問いに答えなさい。

教科書18ページ19行～20ページ7行

　翌日、学校に行く途中で、同じクラスの吉井(よしい)と今村に会った。初めはどうしようかと思ったけど、馬も飲んでしまうでっかいアナコンダや、三メートルもあるナマズの話はおもしろかったし、氷の惑星の話も、本当だったらきれいだろうなと思ったから、つい①吉井や今村にその話をしてしまった。二人は僕の話が終わると顔を見合わせて、「ありえねえ。」「証拠見せろよ。」と言った。「そんなほら話、小学生でも信じないぞ。」そう言われればそうだ。だから、部活が終わって大急ぎで家に帰ると、僕は真っ先にぐうちゃんの部屋に行って、「昨日の話、本当なら証拠の写真を見せろよ。」と無愛想に言った。ぐうちゃんは少し考えるしぐさをして、「そうだなあ。」と言って、目をパチパチさせている。

「これまで撮ってきた写真をそろそろちゃんと整理して紙焼きにしないと、と思っているんだ。そうしたらいろいろ見せてあげるよ。」

②むっとした。そんな言い逃れをするぐうちゃんは好きではない。なんかぐうちゃんに僕の人生が全面的に

(1) ──線①「吉井や今村にその話をしてしまった。」について、答えなさい。

① 「その話」とありますが、何についての話をしたのですか。文章中から五字以内で三つ抜き出しなさい。　各5点

② 「その話」を聞いた「吉井や今村」は、どんな反応をしましたか。次から一つ選び、記号で答えなさい。　10点

ア　おもしろい話だと感心し、熱心に写真を見たがった。

イ　ありえないし、小学生でも信じないほら話だとあきれかえった。

ウ　そんなほら話を聞かせて何のつもりだと怒り出した。

よく出る (2) ──線②「むっとした。」とありますが、それはなぜですか。「ぐうちゃんが」に続けて、十五字程度で答えなさい。　10点

よく出る (3) ──線③「失敗した。」とありますが、「僕」はなぜ失敗したと思ったのですか。　10点

(4) ──線④「父と母が話している」内容について、答えなさい。

① 「父」は、ぐうちゃん（由紀夫君）の生き方をどう思っていますか。文章中から十一字で抜き出しなさい。　10点

② 「母」は、ぐうちゃん（由紀夫）の暮らし方から、どんなことを心配していますか。文章中の言葉を用いて答えなさい。　10点

考える (5) ──線⑤「母」の言葉を聞いた「僕」は、どんなことを思い、どんな気持ちになりましたか。まとめて答えなさい。　15点

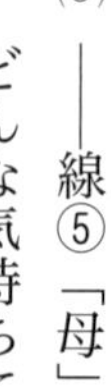

からかわれた感じだ。吉井や今村に話をした分だけ損をした。いや③失敗した。僕までほら吹きになってしまったのだ。

それから夏休みになってすぐ、ぐうちゃんはいつもより少し長い仕事に出た。関東地方の各地の川の測量をするということだった。僕は人生を全面的にからかわれて以来、あまりぐうちゃんの部屋に行かなくなっていたから、気にも留めなかった。

夏休みも終わり近く、いつものように週末に帰ってきた④父と母が話しているのが、風呂(ふろ)場にいる僕の耳にも入ってきた。

「僕たちは、都市のビルの中にいるからなかなか気がつかないけど、由起夫(ゆきお)君は若い頃に世界のあちこちへ行っていたから、日本の中にいたら気がつかないことがいっぱい見えているんだろうね。なんだか羨ましいような気がするな。」

⑤母は、珍しくビールでも飲んだらしく、いつもよりもっと強烈に雄弁になっている。

「あなたは何をのんきなことを言っているの。由起夫が、いつまでもああやって気ままな暮らしをしているのを見ていると、悠太(ゆうた)に悪い影響が出ないか心配でしかたがないのよ。例えば極端な話、大人になっても毎日働かなくてもいいんだ、なんて思って勉強の意欲をなくしていったとしたら、どう責任取ってくれるのかしら。」

父が何かを答えているようだったが、はっきりとは聞こえなかった。ただ、僕のことでぐうちゃんが責められるのは少し違う気がする。そう思うと、電気の消えたぐうちゃんの部屋が急に寂しく感じられてきた。

椎名誠「アイスプラネット」より

2 ——線の片仮名を漢字で書きなさい。 各5点

① 話をカンチガいする。
② アヤしい話。
③ 手紙をフウトウに入れる。
④ 切手をハる。

1								2			
(1)		(2)	(3)	(4)		(5)		①	②	③	④
①	②	ぐうちゃんが		①	②						

ぴたトレ 1 要点チェック

枕草子（まくらのそうし）（思考の視覚化）

清少納言（せいしょうなごん）

解答 p.3

1 新しく習った漢字　読み仮名を書きなさい。

①紫（　　）　②蛍（　　）　③趣（　　）　④寝る（　　）
⑤霜（　　）　⑥踊る（　　）　⑦傾ける（　　）　⑧水晶（　　）
⑨土壌（　　）　⑩排水（　　）　⑪笑み（　　）

2 重要語句　正しい意味を下から選び、記号で答えなさい。

①（　　）あけぼの　　**ア** かわいらしい。
②（　　）さらなり　　**イ** 早朝。
③（　　）をかし　　**ウ** 言うまでもない。
④（　　）いと　　**エ** たいそう。
⑤（　　）つとめて　　**オ** 明け方。
⑥（　　）つきづきし　　**カ** 趣がある。
⑦（　　）うつくし　　**キ** 似つかわしい。

スタートアップ

「枕草子」について

☑作者…清少納言
☑ジャンル…随筆。日本三大随筆の一つ。
☑成立…平安時代中頃
☑内容
●宮中生活で見聞きしたことや、季節の感想、人生観などが、作者のするどい感覚で表現されている。
●「をかし」の文学といわれる。

平安時代の女性が書いた文章でも、共感できるところがたくさんあるよ。自分の感覚と比べてみよう！

第一段

☑春・夏・秋・冬の、異なる時間での趣や風情のあるもの、逆に好ましくないものを筆者の感性で述べた、「をかし」の文学といわれる象徴的な章段。

第百四十五段

☑作者が「うつくし」（＝かわいらしい）と感じるものを挙げた章段。一つの題材を取り上げて関連する事柄を述べた「ものづくし」の形式で書かれたもの。

第二百十六段

☑月のいと明（あ）かきに（＝月のとても明るい夜に）見て趣深く感じたものを繊細に述べた章段。

枕草子

1 読解問題 文章を読んで、問いに答えなさい。

教科書28ページ4行〜29ページ1行

春はあけぼの。ⓐやうやう白くなりゆくⓑ山ぎは、すこしあかりて、紫だちたる雲のほそくたなびきたる。
夏は夜。月のころはさらなり、闇もなⓒほ、蛍の多く飛びちがひたる。また、ただ一つ二つなど、①ほのかにうち光りて行くもⓓをかし。雨など降るもをかし。

現代語訳
春は明け方。だんだんと白んでいく山ぎわが、少し明るくなって、紫がかった雲が細くたなびいている（のは風情（ふぜい）がある）。
夏は夜。月の頃は言うまでもないが、闇もやはり、蛍が多く飛びかっている（のがよい）。また、ほんの一、二匹ほのかに光って飛んでいくのも趣がある。雨などが降るのもいい。

清少納言「枕草子」より

(1) ══線ⓐ〜ⓓの歴史的仮名遣いを現代仮名遣いに直し、平仮名で書きなさい。

ⓐ（　　）　ⓑ（　　）
ⓒ（　　）　ⓓ（　　）

ヒント 母音の「au」と、語頭以外のハ行の音に注意しよう。

(2) ──線①「ほのかにうち光りて行く」の主語は何ですか。次から一つ選び、記号で答えなさい。

ア 月
イ 蛍
ウ 雨

（　　）

ヒント 直前の文の主語も同じだよ。

(3) 作者は、「春」と「夏」で、それぞれどの時間帯がよいと考えていますか。現代語訳の中の言葉で答えなさい。

春（　　）
夏（　　）

ヒント 作者が好ましいと思った時間帯だよ。

タイムトライアル 10分

解答 p.3

ぴたトレ 1
要点チェック

漢字1 熟語の構成
（漢字に親しもう 1）

解答 p.3

1 新しく習った漢字　読み仮名を書きなさい。

①搭乗（　　）　②禍福（　　）　③慶弔（　　）　④遷都（　　）
⑤麦芽（　　）　⑥師弟（　　）　⑦雌雄（　　）　⑧清浄（　　）
⑨姉妹（　　）　⑩極秘（　　）　⑪要旨（　　）　⑫名簿（　　）
⑬記入欄（　　）　⑭原稿（　　）　⑮拝啓（　　）　⑯阻止（　　）
⑰租税（　　）　⑱喚起（　　）　⑲奉仕（　　）　⑳仮病（　　）
㉑歩合（　　）　㉒写経（　　）　㉓京阪（　　）　㉔仁王（　　）

2 重要語句　正しい意味を下から選び、記号で答えなさい。

①（　　）疾風迅雷
②（　　）鯨飲馬食

ア　一度にたくさん飲み食いすること。
イ　非情にすばやくすさまじいこと。

スタートアップ

	主な構成	熟語例
二字熟語	意味が似ている漢字の組み合わせ。 例 生産…生（うむ）＋産（うむ）	表現　永遠
	意味が対になる漢字の組み合わせ。 例 前後…前（まえ）＋後（うしろ）	雌雄　明暗
	主語と述語の関係。 例 国営…国が営む	日没　県立
	下の漢字が上の漢字の目的や対象を示す。 例 就職…職に就く	負傷　消火
	上の漢字が下の漢字を修飾する。 例 早朝…早い朝	激増　再会
三字熟語	漢字一字の言葉の組み合わせ。 例 松竹梅…松＋竹＋梅	衣食住　天地人
	漢字一字の言葉と二字熟語の組み合わせ。 例 肖像画…肖像＋画　未完成…未＋完成	初体験　可能性　非公開
四字以上の熟語	漢字一字の言葉の組み合わせ。 例 東西南北…東＋西＋南＋北	春夏秋冬　喜怒哀楽
	二字熟語の組み合わせ。 例 人工衛星…人工＋衛星	軽挙妄動　因果応報
	漢字一字の言葉と二字熟語の組み合わせ。 例 使用説明書…使用＋説明＋書	竜巻注意報

ぴたトレ 2 練習

漢字1 熟語の構成

タイムトライアル 10分

解答 p.3

1 二字熟語の構成について、答えなさい。

次の熟語のA熟語の構成と、B同じ構成の熟語を選び、記号で答えなさい。

① 寒暖 ② 作文 ③ 私立 ④ 海水 ⑤ 停止

A
ア 意味が似ている漢字の組み合わせ。
イ 意味が対になる漢字の組み合わせ。
ウ 主語と述語の関係。
エ 下の漢字が上の漢字の目的や対象を示す。
オ 上の漢字が下の漢字を修飾する。

B
ア 貧富 **イ** 決心 **ウ** 製造 **エ** 長所 **オ** 県営

2 三字熟語の構成について、答えなさい。

(1) 次の二字熟語の前の□に「不・無・非・未」のいずれかを入れて、三字熟語を完成させなさい。

① □成年 ② □可欠 ③ □造作 ④ □売品

(2) 次の二字熟語の後の□に「的・性・化」のいずれかを入れて、三字熟語を完成させなさい。

① 良心□ ② 自由□ ③ 独自□ ④ 圧倒□

3 四字熟語について、答えなさい。

四字熟語の意味を後から選び、記号で答えなさい。

① 一日千秋 ② 言語道断 ③ 花鳥風月 ④ 起死回生 ⑤ 油断大敵 ⑥ 青天白日

ア 言葉では説明できないほどひどいこと。
イ 今にもだめになりそうな物事を立て直すこと。
ウ よく晴れ渡った青空。
エ 美しい自然の風景。
オ うっかり注意をおこたると、大きな失敗を招くこと。
カ 待ちこがれる思いが強いこと。

1					2		3
① A	③ A	⑤ A	② A	④ A	(1) ①	(2) ①	①
① B	③ B	⑤ B	② B	④ B	(1) ②	(2) ②	②
					(1) ③	(2) ③	③
					(1) ④	(2) ④	④
							⑤
							⑥

ぴたトレ 1 要点チェック

クマゼミ増加の原因を探る
（具体と抽象）

沼田（ぬまた） 英治（ひではる）

解答 p.3

1 新しく習った漢字 読み仮名を書きなさい。

①羽化（　）　②捕る（　）　③顕著（　）　④殻（　）
⑤舗装（　）　⑥乾燥（　）　⑦枯れる（　）　⑧産卵（　）
⑨休眠（　）　⑩潜る（　）　⑪耐える（　）　⑫緩和（　）
⑬零度（　）　⑭軟らかい（　）　⑮狙う（　）　⑯必須（　）
⑰遭う（　）　⑱硬化（　）　⑲抽象（　）　⑳医療（　）
㉑壁（　）　㉒玄関（　）　㉓肩（　）

2 重要語句 正しい意味を下から選び、記号で答えなさい。

①（　）左右する　　ア　真意をよく理解せず受け入れる。
②（　）うのみにする　　イ　決定的な影響を与える。

3 段落構成 文章の構成に合うように、言葉を書きなさい。

①研究のきっかけ…クマゼミの増加はヒートアイランド現象による環境変化が有利に働いたのではないか。
②［　　］クマゼミの一生と、環境の影響を受ける時期
③［仮説1］冬の寒さの緩和
④［　　］気温上昇による孵化（ふか）の時期の変化
⑤［　　］ヒートアイランド現象による乾燥と地表の整備による土の硬化
⑥（　　）…クマゼミの割合が高まった原因には、都市部におけるヒートアイランド現象の影響があることが明らかになった。

得点UPポイント

仮説に対する検証と、その結果を読み取る！

☑「クマゼミ増加の原因を探る」は、筆者が久しぶりに地元に戻ったときの、ある気づきから研究が始まる。
☑いろいろな場所で調査をした結果、わかったことを読み取ろう。

左の文章では、研究のきっかけになったことが書かれているよ。

ぴたトレ 2

練習

クマゼミ増加の原因を探る

タイムトライアル 10分

解答 p.4

1 読解問題 文章を読んで、問いに答えなさい。（図1は省略。）

教科書42ページ2行～43ページ9行

一九六〇年代、大阪市に隣接する豊中市で少年時代を過ごした私にとって、クマゼミは「①セミの王様」だった。全長六、七センチメートルもある、重厚で黒光りのする体。羽化したての若い成虫には、金色の毛が輝く。何よりも数が少なく、めったに捕ることができなかった。

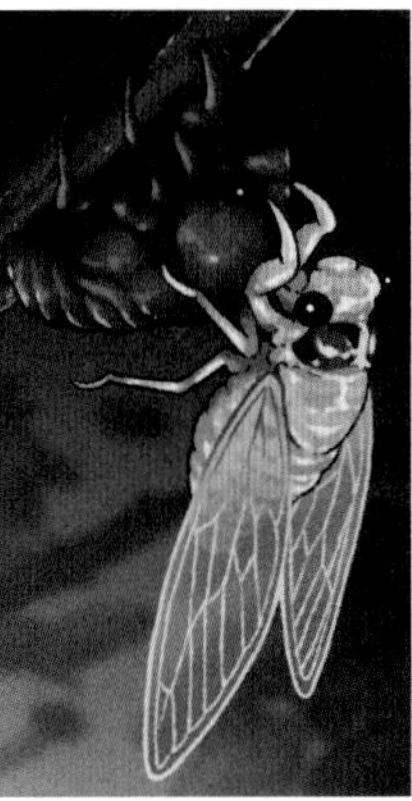

しかし、いったん地元を離れ、一九八四年に再び戻ってきた私は、クマゼミの声が以前よりよく聞こえることに気づいた。職場のある大阪市内はさらに顕著で、ほとんどクマゼミの声しか聞こえないほどになっていた。②不思議に思った私は、当時学生だった森山実さんと、二〇〇三年から六年間に及ぶ調査を行った。

図1に、二〇〇八年に大阪府内で行った③抜け殻調査の結果を示す。大阪市内の公園や大学では、やはりクマゼミが圧倒的に多く、かつてはよく見られたアブラゼミは二割以下に、ニイニイゼミやツクツクボウシはいなくなっていた。いっぽう、市外の緑地や森林には、依然としてアブラゼミが多く、山の上には、さらに多様な種類のセミが生息していることがわかった。

沼田 英治「クマゼミ増加の原因を探る」より

(1) ――線①「セミの王様」とありますが、なぜこのようにたとえたのですか。次から一つ選び、記号で答えなさい。

ア 大きくて存在感があり、数が少なく貴重な存在だったから。
イ セミの種類の中で、数がいちばん多かったから。
ウ 若い頃から金色で目立っていたから。

（　　）

ヒント 「王様」のイメージと重ねて考えよう。

(2) ――線②「不思議に思った」とありますが、何を不思議に思ったのですか。それが書かれた部分を十九字で探し、初めと終わりの五字を抜き出しなさい。

□□□□□～□□□□□

ヒント 研究を始めるきっかけになったことを読み取ろう。

(3) ――線③「抜け殻調査」について、答えなさい。

① クマゼミが多かった場所はどこですか。文章中から抜き出しなさい。

（　　）

ヒント 「圧倒的に」という言葉に着目しよう。

② アブラゼミが多かった場所はどこですか。文章中から抜き出しなさい。

（　　）

ヒント 「アブラゼミ」にしぼって答えるんだよ。

ぴたトレ 3

確認テスト

クマゼミ増加の原因を探る

時間20分

／100点

合格75点

解答 p.4

1 思考・判断・表現　文章を読んで、問いに答えなさい。

教科書45ページ2行～46ページ5行

私たちはまず、地上で冬を越す「①卵の段階」に注目し、次のような仮説を立てた。

> [仮説1]クマゼミの卵は寒さに弱く、昔の大阪では冬を越せるものが少なかった。しかし、気温上昇で寒さが和らぎ、越冬できる卵が増えた。

この仮説を検証するために、私たちは①クマゼミの卵がどれぐらいの低温に耐えられるかを実験してみた。その結果、なんと氷点下二十一度に一日置いても、大部分が生き延びることがわかった（図3）。

次に、長く続く寒さへの耐性を調べた。観測史上、大阪市の一か月の平均気温が零度を下回ったことはない。そこで、それより低い氷点下五度に三十日間置いてみたが、特に影響は見られなかった（図4）。

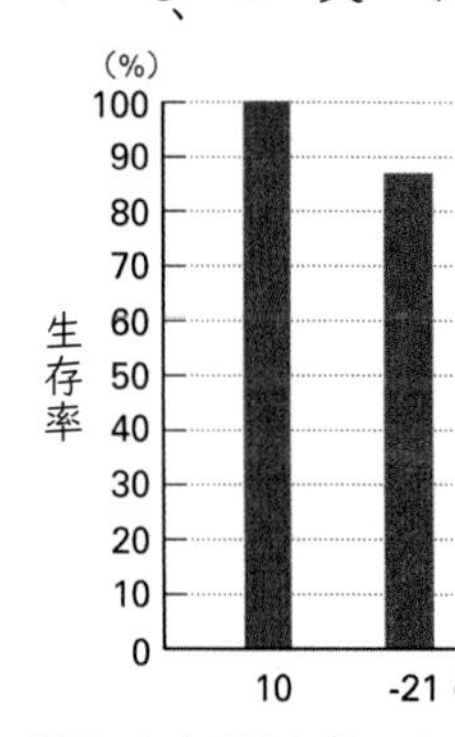

図3　氷点下21度に１日置いた場合の生存率

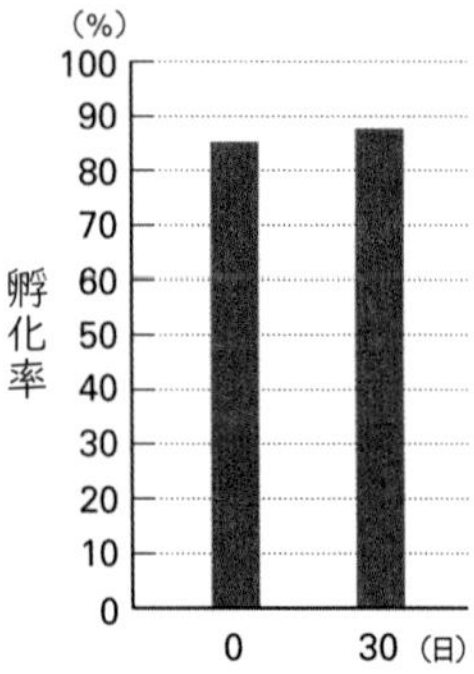

(%)
100
90
80
70
60
50
40
30
20
10
0
孵化率
0
30（日）

図4　氷点下５度に30日間置いた場合の孵化率

(1) ——線①「クマゼミの卵が……耐えられるか」とありますが、これは何を確かめるために行いましたか。簡潔に答えなさい。 10点

よく出る
(2) ——線②「これらは……結果だ。」とありますが、実験室で得た二つの結果をそれぞれ三十字以内で文章中から探し、初めと終わりの四字を答えなさい。 10点

(3) ——線③「野外」について、答えなさい。

① なぜ野外で検証する必要があるのですか。 10点

② どこの「野外」で調べましたか。文章中からそれぞれ三字で二つ抜き出しなさい。 各5点

よく出る
(4) ——線④「クマゼミの卵は……越冬することができた。」とありますが、なぜこのことがわかりましたか。次から一つ選び、記号で答えなさい。 10点

ア 氷点下二十一度の場所に一日置いても、大部分の卵が生き延びたから。

イ 気温の低い場所に卵を置いても、一年後の孵化率は変わらなかったから。

ウ 氷点下五度の場所に三十日間置いても、特に影響は見られなかったから。

(5) ——線⑤「仮説が明確に否定された」とありますが、筆者はなぜこのように考えましたか。簡潔に説明しなさい。 15点

考える
(6) このように仮説を立てて検証することで、どんなことがわかりましたか。まとめて答えなさい。 15点

しかし、②これらは全て実験室で得た結果だ。気温や湿度が変動する③野外の冬に耐えられる保証はない。そこで、二〇〇五年九月、私たちはクマゼミの卵を大阪市および大阪市より気温の低い東大阪市の枚岡山（ひらおか）に置き、一年後に孵化（ふか）した数を調べた。その結果、より寒い牧岡山でも孵化率は下がらなかった（図５）。十二月から二月までの大阪市の平均気温は五・五度、枚岡山は三・七度。枚岡山は一九六〇年代の大阪市内より少し寒いにもかかわらず、④クマゼミの卵は問題なく越冬することができた。

これらの結果は、クマゼミの卵が寒さに強く、かつての大阪でも十分越冬できたことを示している。つまり、冬の寒さの緩和はクマゼミ増加の原因ではない。⑤仮説が明確に否定されたことで可能性が一つ排除され、その分、原因を絞り込むことができた。

	大阪市内	枚岡山
孵化率（%）		

図５ 気温の違う野外に１年間置いた場合の孵化率

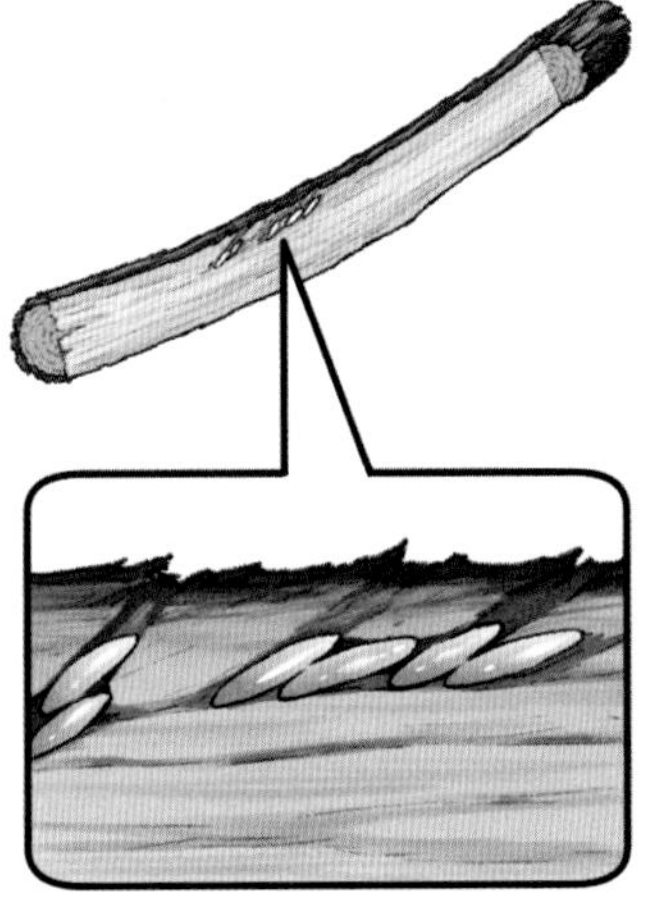

沼田 英治『クマゼミ増加の原因を探る』より

２ ——線の片仮名を漢字で書きなさい。 各５点

① ホソウされた道を走る。
② 空気がカンソウしている。
③ カれ枝を拾う。
④ 英語はヒッス科目だ。

1 (1)	1 (2)	1 (3) ①	1 (3) ②	1 (4)	1 (5)	1 (6)	2 ①	2 ②	2 ③	2 ④
	〜 / 〜									

ぴたトレ 1 要点チェック

文法への扉1 単語をどう分ける？（漢字に親しもう 2）

解答 p.5

1 新しく習った漢字 読み仮名を書きなさい。

①遺憾（　　）②慈愛（　　）③余裕（　　）④素朴（　　）
⑤寛大（　　）⑥煩雑（　　）⑦危惧（　　）⑧妨げる（　　）
⑨飽きる（　　）⑩茂る（　　）⑪控える（　　）⑫娯楽（　　）
⑬遜色（　　）⑭勧誘（　　）⑮婚姻（　　）⑯強情（　　）
⑰強いる（　　）⑱女神（　　）⑲天女（　　）

2 重要語句 正しい意味を下から選び、記号で答えなさい。

①（　　）遺憾　　ア 物事が入り混じって、わずらわしいこと。
②（　　）煩雑　　イ 他と比べて劣っていること。
③（　　）遜色　　ウ 思い通りにいかず、心残りなこと。

スタートアップ

活用する自立語

動詞	動作・変化・存在を表し、言い切りが「ウ」段になる。
形容詞	状態・性質を表し、言い切りが「い」になる。
形容動詞	状態・性質を表し、言い切りが「だ・です」になる。

☑ 動詞の種類
- 他動詞…動作の対象を必要とする。
- 自動詞…動作の対象を必要としない。

活用しない自立語

名詞	生き物・物・事柄などを表す。普通名詞・代名詞・固有名詞・数詞・形式名詞がある。
副詞	様子・状態・程度を表す。
連体詞	連体修飾語にしかならない。
接続詞	前後の文や語をつなぐ。
感動詞	応答・呼びかけ・感動などを表す。

☑ 副詞の種類
- 状態の副詞…「どのように」という状態を表す。
- 程度の副詞…「どのくらい」という程度を表す。
- 呼応の副詞…下に決まった言い方がくる。

文法への扉1 単語をどう分ける？

タイムトライアル 10分

解答 p.5

1 活用する自立語について、答えなさい。

(1) 次の中から活用する自立語を探し、記号で答えなさい。

ア 写真　**イ** 遊ぶ　**ウ** 早い
エ 便利だ　**オ** 新鮮だ　**カ** 若々しい
キ 決して　**ク** 来る

(2) 次の文の中から、①動詞、②形容詞、③形容動詞を、それぞれ一つずつ抜き出しなさい。

この豊かで美しい自然こそ、日本が世界にほこれるものだ。

(3) （　）に当てはまる副詞を後から選び、記号で答えなさい。

① （　）家を出れば間に合うよ。
② 壊さないように（　）触ろう。
③ （　）聞いていないようだ。

ア すぐに　**イ** そっと　**ウ** 全く

(4) ――線の単語の種類を後から選び、記号で答えなさい。

① もっと詳しくお聞かせください。
② 学校の前をタクシーが通った。
③ お茶にしますか。または、コーヒーにしますか。
④ この地域は、交通事故が少ない。
⑤ いいえ、それは私の本ではありません。

ア 名詞　**イ** 副詞　**ウ** 連体詞　**エ** 接続詞　**オ** 感動詞

2 活用しない自立語について、答えなさい。

(1) 次の中から活用しない自立語を探し、記号で答えなさい。

ア 止まる　**イ** つまり　**ウ** 明るい
エ する　**オ** はい　**カ** にっこり
キ 一人　**ク** わが　**ケ** そこで
コ 大きな　**サ** 確実だ　**シ** ねえ

(2) 次の文の中から名詞を抜き出しなさい。

私は明日、十歳の妹を連れて、祖母の家に行く予定です。

1		2			
(1)	(2)	(1)	(2)	(3)	(4)
	①			①	①
	②			②	②
	③			③	③
					④
					⑤

ぴたトレ 3 確認テスト

文法への扉1 単語をどう分ける？

時間20分

／100点

合格75点

解答 p.5

1

(1) 活用する自立語について、答えなさい。

次の文の中から、動詞・形容詞・形容動詞を全て抜き出しなさい。　完答各3点

① 涼しい風が頬をなで、確かな秋の気配を感じた。

② おだやかな美しい景色を眺めつつ、楽しかった日々を思う。

(2) ——線の動詞は、**ア**他動詞、**イ**自動詞のどちらですか。記号で答えなさい。　各2点

① 通りにビルが建つ。

② 通りにビルを建てる。

③ 失意のどん底から立ち上がる。

④ 新しいパソコンを立ち上げる。

(3) 次の各組の動詞・形容詞のうち、補助（形式）動詞・補助（形式）形容詞はどちらですか。記号で答えなさい。　各3点

① 動詞　**ア** 国語辞典は本棚にある。　**イ** 国語辞典は本棚に置いてある。

② 動詞　**ア** 友達が図書館で待っている。　**イ** 友達は図書館にいる。

③ 形容詞　**ア** 今から行っても遅くない。　**イ** 今から行ってもバスがない。

④ 形容詞　**ア** 彼女の演奏は優雅でない。　**イ** 彼女の演奏には優雅さがない。

2

(1) 活用しない自立語について、答えなさい。

次の文の中から、名詞を全て抜き出しなさい。　完答各2点

① 毎日、私は日記を書くことにしている。

② ベランダで、猫がのんびり昼寝をしている。

(2) ——線の名詞の種類を後から選び、記号で答えなさい。　各2点

① 祖父は町のことは何でも知っている。

② 芥川龍之介（あくたがわりゅうのすけ）の小説を読む。

③ コンビニでお茶を二本買った。

④ 本屋で参考書を買う。

⑤ あれが僕の自転車だ。

ア 普通名詞　**イ** 代名詞　**ウ** 固有名詞　**エ** 数詞　**オ** 形式名詞

(3) 次の文の中から、副詞を抜き出しなさい。　完答各2点

① 大きな声で、ゆっくり話す。

② もっと話したいのに時間がない。

③ 僕に会ったら、彼はたぶん思い出すだろう。

(4) （　）に当てはまる副詞を後から選び、記号で答えなさい。　各2点

① 君は（　　）いつも時間に遅れるのか。

② 僕は（　　）そのことを認めない。

ア もし　**イ** たとえ　**ウ** 決して　**エ** どうして

(5) ——線の単語が連体詞なら○を、連体詞でないなら×を書きなさい。　各2点

① 私には小さい妹がいる。
② 大きな箱を両手で持つ。
③ 彼はあらゆるスポーツに挑戦している。
④ 彼女はいつもさわやかな顔をしている。

(6) ——線の接続詞の種類を後から選び、記号で答えなさい。　各3点

① 確かに君の意見はもっともだ。だが、私は納得できない。
② 台風が近づいてきた。だから、遠足は中止になった。
③ 歩いて行きますか。それとも、バスで行きますか。
④ あなたの話によると、つまり、責任を取るということだね。
⑤ 明日は工場見学です。なお、筆記具は必ず持ってくること。
⑥ 今日は楽しかったね。さて、そろそろ帰ろうか。

ア 順接	**イ** 逆接	**ウ** 並列・累加
エ 対比・選択	**オ** 説明・補足	**カ** 転換

(7) ——線の単語の品詞名を答えなさい。　各3点

① もしもし、田中と申します。
② 母を手伝い、しかも、弟の面倒もみた。
③ 来月の大会に向けて練習する。
④ 混んでいて、受付でずいぶん待たされた。
⑤ あちらに見えるのは県庁です。
⑥ 山の頂上からの眺めはみごとだ。
⑦ そんなおかしな話、あるはずない。
⑧ こんなすばらしい星空を見たのは初めてだ。

1			
(1)	①	②	
(2)	①	②	③ ④
(3)	①	②	③ ④

2								
(1)	①	②						
(2)	①	②	③	④	⑤			
(3)	①	②						
(4)	①	②						
(5)	①	②	③	④				
(6)	①	②	③	④	⑤	⑥		
(7)	①	②	③	④	⑤	⑥	⑦	⑧

ぴたトレ 1 要点チェック

「自分で考える時間」をもとう

（メディアを比べよう／メディアの特徴を生かして情報を集めよう）

池上 彰（いけがみ あきら）

解答 p.6

1 新しく習った漢字 読み仮名を書きなさい。

①宛てる（　　）　②活躍（　　）　③開催（　　）　④漫画（　　）
⑤避難（　　）　⑥掲載（　　）　⑦津波（　　）　⑧被害（　　）
⑨書籍（　　）

2 重要語句 正しい意味を下から選び、記号で答えなさい。

①（　）肩入れする
②（　）事実無根
③（　）うのみにする
④（　）取捨選択する
⑤（　）掲載

ア 悪いものや不必要なものを捨てて、よいものや必要なものを取る。
イ ひいきにして力を貸したり、応援したりする。
ウ 事実に基づいていないこと。根も葉もないこと。
エ 物事をよく理解せず、そのまま受け入れる。
オ 新聞や雑誌などにのせること。

3 段落構成 論の構成として、当てはまる言葉を書きなさい。

①（　　）…第一段落～第三段落
編集作業は、私たち自身も、新聞・書籍などの情報でも、日常的に行っている。

②（　　）…第四段落～第九段落
ニュースを例に挙げ、編集のしかたについて述べている。

③（　　）…第十段落～第十一段落
大量の情報に押し流されず、情報を整理し、冷静に考えることが大事である。

得点UPポイント

情報のどういう点に着目しているか読み取る！

☑「『自分で考える時間』をもとう」では、情報の編集のしかたに着目している。

☑情報は、発信者の手で取捨選択されたものであることを押さえ、情報の受け取り方について考えを深める。

☑情報発信するときに注意すべきことを考えよう。

左の文章では、ニュースの編集のしかたが書かれているよ。

ぴたトレ 2 練習

「自分で考える時間」をもとう

タイムトライアル 8分

解答 p.6

1 読解問題 文章を読んで、問いに答えなさい。

教科書64ページ下10行～65ページ上13行

これらの違いに加え、各担当者の判断や、時には好みによっても編集のしかたは変わってきます。

だからといって、そのニュースが間違っているわけではありません。①人間のすることですから、違いが出るのは当然なのです。

ただ、あってはならないことですが、時にはミスから誤った情報が入り込むことや、どちらかの立場に肩入れした情報を伝えることもありえます。近年では、「フェイクニュース」という、事実無根のにせのニュースもインターネット上に出現し、②社会の混乱を招いています。

大事なことは、③大量の情報に押し流されず、まずは情報を疑ってみること。情報を見たり聞いたりしたら、すぐにうのみにせず、「この情報をどう考えたらよいだろう。自分なら、違う取り上げ方をするかもしれない。」などと自分で考える時間をもつようにしましょう。また、一つのメディアのみではなく、複数のメディアに当たることも、情報を整理し、冷静に考える助けになります。

こうして、情報を注意深く受け止めるようになると、今度はあなたが情報を発信する立場になったときに、間違った情報を伝える危険性が薄らぐのです。

池上 彰「『自分で考える時間』をもとう」より

(1) ――線①「人間のすること」とありますが、ここでいう「人間のすること」とは何ですか。文章中から二字で抜き出しなさい。

ヒント 「各担当者」は何をしているかな。

(2) ――線②「社会の混乱を招いています。」とありますが、それはどんなことが原因ですか。次から一つ選び、記号で答えなさい。

ア 各担当者によって編集のしかたが違うこと。
イ ニュースに違いが出ること。
ウ にせのニュースが出回ること。

ヒント ――線②の前の部分に書いてあることを読み取ろう。

（　　）

(3) ――線③「大量の情報に……疑ってみること。」とありますが、これによってどうなると筆者は述べていますか。次から一つ選び、記号で答えなさい。

ア 自分で考える時間がもてるようになる。
イ 複数のメディアの情報が読めるようになる。
ウ 情報を発信する際、間違った情報を伝える危険性が薄らぐ。

ヒント ――線③をすることで、自分にプラスになるんだね。

（　　）

ぴたトレ 1 要点チェック

短歌に親しむ 短歌を味わう

栗木京子

解答 p.6

1 新しく習った漢字 読み仮名を書きなさい。

①託す（　） ②鑑賞（　） ③丁寧（　） ④優しさ（　）
⑤牧場（　） ⑥鮮やか（　） ⑦爽やか（　） ⑧恐竜（　）
⑨水仙（　） ⑩我が家（　） ⑪悠然（　） ⑫優れる（　）
⑬一滴（　）

2 重要語句 正しい意味を下から選び、記号で答えなさい。

①（　）託す　　ア ほめたたえる気持ちを表す歌。
②（　）巧み　　イ ゆったりと落ち着いているさま。
③（　）臨場感　ウ 物事の運用を人に頼んで任せる。
④（　）賛歌　　エ すぐれているさま。
⑤（　）悠然　　オ あたかも、その場に身を置いているような感じ。

スタートアップ

短歌の形式と歴史

☑ 五・七・五・七・七の三十一音から成る日本独特の形式。
☑ 千三百年以上前から受け継がれている。

短歌の技法・表現

☑ 句切れ…短歌の意味や調子が切れるところ。初句切れ・二句切れ・三句切れ・四句切れ、また句切れのない句もある。
☑ 文語独特の表現（助動詞）
例「伸びたる」「きたり」「染まず」「吸はれし」
☑ 助詞「の」のくり返し…優しさやリズム感を生む。
例 くれなゐの二尺伸びたる薔薇の芽の針やはらかに春雨のふる　正岡子規
☑ 体言止め…しみじみとした余韻やきっぱりとした印象を与える。
例「水仙の白」「十五の心」「我には一生」
☑ 擬態語…その様子を印象づける。
例「しんしんと」…夜が更けていく様子と、静まり返った空に声が響く様子を表す。

文語独特の表現に慣れて、短歌の世界を味わおう。

短歌に親しむ 短歌を味わう

タイムトライアル 8分

解答 p.6

1 読解問題 文章を読んで、問いに答えなさい。 教科書68ページ7行～69ページ1行

①くれなゐの(イ)二尺伸びたる薔薇の芽の針やは(ウ)らかに春雨のふる

正岡子規

四季の変化に富む日本では、季節の情感を大切にしながら短歌が作られてきました。この歌は「くれなゐ」（紅色（べにいろ））という色彩（しきさい）や「二尺」（約六十・六センチメートル）という長さによって、②薔薇の芽を丁寧に描写しています。さらに、薔薇のとげを「針」と表現し、「針やはらかに」と続けたところが巧みです。新芽のとげのみずみずしく柔らかな様子が伝わってきます。「くれなゐの」「薔薇の芽の」「春雨の」と、助詞「の」が続いていることも、歌に優しさを添えています。

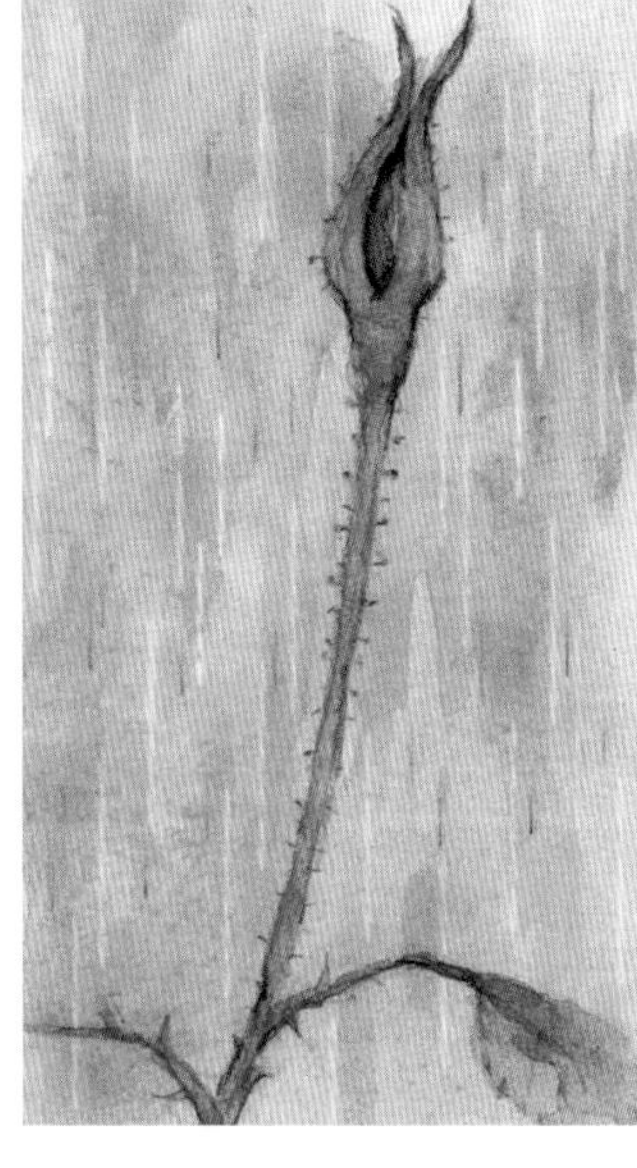

栗木京子「短歌に親しむ」より

(1) ――線①「くれなゐの」とありますが、「くれなゐ」なのは何ですか。短歌の中から四字で抜き出しなさい。

ヒント 「くれなゐ」は「紅色」だと説明しているよ。

(2) ――線②「薔薇の芽を丁寧に描写しています。」とありますが、どんな観点から描写していますか。文章中から二つ、それぞれ二字で抜き出しなさい。

ヒント 「くれなゐ」「二尺」はどんな観点から描写しているかな。

(3) この短歌は、どんな情景を表現していますか。次から一つ選び、記号で答えなさい。

ア 力強く伸びている薔薇の芽に、激しい雨が降りしきる荒々しい情景。

イ 薔薇のするどい針のような芽に、冷たい雨が降り注ぐ寒々しい情景。

ウ 薔薇のみずみずしく柔らかな新芽が、春雨にぬれている優しい情景。

（　）

ヒント 「春雨」は、春、しとしとと静かに降る雨だよ。

ぴたトレ 3 確認テスト

短歌に親しむ 短歌を味わう

時間20分 ／100点 合格75点

解答 p.6

1 思考・判断・表現 短歌を読んで、問いに答えなさい。

教科書72ページ

A 白鳥はかなしからずや 空の青海のあをにも染まずただよふ　若山牧水（わかやまぼくすい）

B のぼり坂のペダル踏みつつ子は叫（さけ）ぶ「まっすぐ？」、そうだ、どんどんのぼれ　佐佐木幸綱（ささきゆきつな）

C ぽぽぽぽと秋の雲浮き子供らはどこか遠くへ遊びに行けり　河野裕子（かわのゆうこ）

(1) A・D・Eの短歌は、それぞれ何句切れですか。　各5点

(2) Aの短歌について、答えなさい。

① ――線①「かなしからずや」とありますが、これは、どんな意味ですか。次から一つ選び、記号で答えなさい。　10点

ア 悲しくはないはずだ。　**イ** 悲しくはないのだろうか。

ウ 悲しいに違いない。

② ――線②「空の青海のあを」とありますが、これと対照的な存在は何ですか。短歌の中から抜き出しなさい。　5点

(3) よく出る ――線③「そうだ、どんどんのぼれ」という言葉には、「親」である作者のどんな気持ちが表現されていますか。次から一つ選び、記号で答えなさい。　10点

ア そのまままっすぐに生きていってほしいと願う気持ち。

イ 迷うことがあったら、いつでも助けてやるぞという気持ち。

ウ 間違っていても、自分の選んだ道を行けと励ます気持ち。

(4) ――線④「ぽぽぽぽ」とは、どんな情景を表していますか。「小さな雲」「空」という言葉を用いて答えなさい。　10点

(5) Dの短歌について、答えなさい。

① Dの短歌に使われている表現技巧を次から三つ選び、記号で答えなさい。　各5点

ア 擬人法　**イ** 反復　**ウ** 暗喩

エ 隠喩　**オ** 対句　**カ** 体言止め

② 考える ――線⑤「想い出は君には一日我には一生」には、作者のどんな心情が表現されていますか。対比されているものに注意し、「恋」という言葉を用いて答えなさい。　15点

観覧車回れよ回れ想(おも)ひ出は君には一日(ひとひ)我には一生(ひとよ)　⑤(イ)
栗木(くりき)京子(きょうこ)　…D

ゼラチンの菓子をすくえばいま満ちる雨の匂いに包まれてひとり
穂村(ほむら)弘(ひろし)　…E

「短歌を味わう」より

2　――線の片仮名を漢字で書きなさい。　各5点

①　友達に思いをタクす。
②　スイセンの花が咲く。
③　ヤサしい笑顔を振りまく。
④　ラー油をイッテキ垂らす。

1								2	
(1)	(2)		(3)	(4)	(5)			①	③
A	①	②			①	②			
D								②	④
E									

ぴたトレ1 要点チェック

言葉の力

大岡（おおおか）信（まこと）

解答 p.7

1 新しく習った漢字　読み仮名を書きなさい。

①語彙（　　）　②淡い（　　）　③秘める（　　）　④華やか（　　）
⑤煮詰める（　　）　⑥脳裏（　　）　⑦精髄（　　）

2 重要語句　正しい意味を下から選び、記号で答えなさい。

①（　）いやおうなしに
②（　）背負う
③（　）秘める
④（　）華やか
⑤（　）気安さ
⑥（　）上気する
⑦（　）えもいわれぬ
⑧（　）精髄
⑨（　）念頭におく

ア　言葉では言い表せない。
イ　最も大切な部分。
ウ　常に心がけて覚えている。
エ　有無をいわせず。
オ　気がねをしないこと。
カ　頭に血が上ってぼうっとなる。
キ　きらびやかで美しい様子。
ク　重い責任などを引き受ける。
ケ　内に隠しておく。

3 文章構成　当てはまる言葉を書きなさい。

①第一のまとまり…（　　）の本質。
②第二のまとまり…美しい（　　）の着物を見る体験。
③第三のまとまり…言葉の（　　）は、人間全体を背負っていることを念頭において、言葉を考える必要があるのではないか。

4 花びらと言葉の共通点　当てはまる言葉を書きなさい。

①花びらの一枚一枚…（　　）全身の色を背負っている。
②言葉の一語一語…言葉を発する（　　）全体を背負っている。

得点UPポイント

筆者の言葉についての考えを読み取る！

☑筆者は、何が言葉に反映すると考えているか読み取ろう。
☑京都での体験から、筆者が桜の花びらと言葉をどのように重ねて考えたかを捉えよう。

左の文章では、言葉とそれを発する人間全体について書かれているよ。

ぴたトレ 2

練習

言葉の力

1 読解問題 文章を読んで、問いに答えなさい。

教科書74ページ1行〜7行

人はよく美しい言葉、正しい言葉について語る。しかし、私たちが用いる言葉のどれをとってみても、①単独にそれだけで美しいと決まっている言葉、正しいと決まっている言葉はない。ある人があるとき発した言葉がどんなに美しかったとしても、別の人がそれを用いたとき同じように美しいとはかぎらない。それは、言葉というものの本質が、口先だけのもの、語彙だけのものではなくて、②それを発している人間全体の世界をいやおうなしに背負ってしまうところにあるからである。③人間全体が、ささやかな言葉の一つ一つに反映してしまうからである。

大岡 信「言葉の力」〈「ことばの力」の一部に、筆者が加筆したもの〉より

(1) ——線①「単独にそれだけで……決まっている言葉はない。」とありますが、それはなぜですか。次から一つ選び、記号で答えなさい。

ア 言葉は、それを発する人間の話し方のうまさに左右されるものだから。
イ 言葉を発する人間全体が、言葉の一つ一つに反映するから。
ウ 言葉は、それを発する人間の努力によって変化するから。

（　　）

ヒント 「〜から」という、理由を表す表現のある文をよく読もう。

(2) ——線②「それ」は、何を指していますか。文章中から二字で抜き出しなさい。

ヒント 何を「発している」のかを、前の部分から探そう。

(3) ——線③「人間全体」とありますが、この言葉はどんな意味で用いられていますか。次から一つ選び、記号で答えなさい。

ア その人個人の全て。
イ 全ての人間。
ウ 人類全体。

（　　）

ヒント 直前の文に「それを発している人間全体の世界」とあるよ。

解答 p.7

ぴたトレ 1 要点チェック

言葉1 類義語・対義語・多義語
（言葉を比べよう）

1 新しく習った漢字 読み仮名を書きなさい。

①裂く（　　）　②傘（　　）　③風鈴（　　）　④豚肉（　　）
⑤購入（　　）　⑥廉価（　　）　⑦真摯（　　）　⑧実践（　　）
⑨慎重（　　）　⑩軽率（　　）　⑪概念（　　）　⑫菊（　　）
⑬鍋（　　）　⑭鉛筆（　　）　⑮需要（　　）

2 重要語句 正しい意味を下から選び、記号で答えなさい。

①（　　）廉価　　ア　考えたことを実際に行うこと。
②（　　）真摯　　イ　商品を買い求めようとすること。
③（　　）実践　　ウ　値段が安いこと。
④（　　）概念　　エ　真面目でひたむきな様子。
⑤（　　）需要　　オ　ある事物の大まかな意味内容。

スタートアップ

類義語

☑ 似た意味をもつ語のグループ。

● ただし、語感や意味に微妙な違いがあって、類義語どうしで言い換えができない場合もある。

例 階段を ＜ ○あがる ○のぼる　　山に ＜ ×あがる ○のぼる

対義語

☑ 意味が反対の関係や対の関係にある二語。

例 解散…集まった人が別れ散ること。 ⟷ 集合…一か所に集まること。

● 観点によって組み合わせが変わることもある。

例 （性別）兄⟷姉　弟⟷妹
（年齢）兄⟷弟　姉⟷妹

多義語

☑ 一つの語で多くの意味や用法をもつ語。

例 流す
・風呂で汗を流す。（洗い落とす。）
・いかだを流す。（液体の力で移動させる。）
・うわさを流す。（広く行き渡らせる。）

意味をよく考えて使い分けよう。

解答 p.7

ぴたトレ **2** 練習

言葉1 類義語・対義語・多義語

タイムトライアル 10分

解答 p.7

1 類義語について、答えなさい。

次の言葉の類義語を後から一つずつ選び、記号で答えなさい。

① 進歩 ② 未来 ③ 便利 ④ 美点
⑤ 心配 ⑥ 関心 ⑦ 方法 ⑧ 等分
⑨ 度胸 ⑩ 面倒

ア 不安	**イ** 厄介	**ウ** 胆力	**エ** 手段
オ 重宝	**カ** 長所	**キ** 折半	**ク** 将来
ケ 興味	**コ** 向上		

2 対義語について、答えなさい。

次の言葉の対義語を後から一つずつ選び、記号で答えなさい。

① 悪意 ② 運動 ③ 拡大 ④ 感情
⑤ 安全 ⑥ 加入 ⑦ 自然 ⑧ 先頭
⑨ 束縛 ⑩ 理想

ア 脱退	**イ** 現実	**ウ** 人工	**エ** 縮小
オ 静止	**カ** 解放	**キ** 後尾	**ク** 理性
ケ 危険	**コ** 善意		

3 多義語について、答えなさい。

(1) □に共通して入る語を平仮名で書きなさい。

① ・責任を□。 ・打球を□。 ・きのこを□。

② ・エンジンが□。 ・優勝が□。 ・空に虹が□。

(2) ——線の言葉の意味として適切なものを後から一つずつ選び、記号で答えなさい。

① 父は甘い菓子が好きだ。
② 甘い言葉には気をつけなさい。
③ 君の考え方は甘いね。
④ ねじのしめ方が甘い。

ア 厳しさに欠ける。
イ 人の心を迷わせる。
ウ しっかりしていない。ゆるい。
エ 砂糖のような味だ。

——線の前後の言葉に注意して、意味をよく考えよう。

1		2		3	
①	⑥	①	⑥	(1) ①	(2) ①
②	⑦	②	⑦	(1) ②	(2) ②
③	⑧	③	⑧		(2) ③
④	⑨	④	⑨		(2) ④
⑤	⑩	⑤	⑩		

ぴたトレ 1 要点チェック

翻訳作品を読み比べよう

解答 p.8

1 新しく習った漢字 読み仮名を書きなさい。

① 翻訳（　　）

2 重要語句 正しい意味を下から選び、記号で答えなさい。

①（　）不時着
②（　）意図
③（　）人柄
④（　）鼻を高くする
⑤（　）しおらしい
⑥（　）つつましい
⑦（　）相当

ア かなりの程度。
イ その人に備わっている性質や品格。
ウ 柔順で、いじらしい様子。
エ 得意になる。
オ 遠慮深く、控えめである様子。
カ こうしようと考えていること。
キ 航空機が目的地以外の場所に着陸すること。

3 登場人物 物語に出てくる人物名を書きなさい。

①「（　　）」…物語の語り手。飛行機の操縦士。
②（　　）…ある星から地球に来た。砂漠で①と出会う。

4 翻訳について 当てはまる言葉を後から選んで書きなさい。

① 翻訳とは…ある言語で書かれた文章を、（　　）に移し変えること。
②「星の王子さま」…（　　）で書かれた作品を（　　）に翻訳した作品。
③ 翻訳者…作者の（　　）や作品の（　　）を考え、それにふさわしい（　　）を選んで文章にまとめていく人。

他の言語	英語	内容	言葉
フランス語	日本語	意図	

得点UPポイント

翻訳の表現の違いを読み取ろう！

☑ 人物の言動や様子が描かれた表現に着目しよう。
☑ 表現によって、どのように印象が変わるのかを考えてみよう。

左の二つの文章では、「王子さま」に対する印象が変わっているよ。

ぴたトレ 2 練習

翻訳作品を読み比べよう

タイム トライアル 10分

解答 p.8

1 読解問題 次の文章と教科書の文章を読んで、問いに答えなさい。

教科書85ページ上9行～上20行

内藤濯訳

「へええ！　変だなあ、そりゃ……。」[①]

王子さまは、そう言って、たいそうかわいらしい声で笑いました。笑われた僕は、とても腹が立ちました。天から落ちるなんて、ありがたくないことなんですから、真剣に考えてもらいたかったのです。やがて、王子さまはまたこう言いました。

「じゃあ、君も、天からやって来たんだね！　どの星から来たの？」

そのとたん、王子さまの夢のような姿が、ぽうっと光ったような気がしました。

「翻訳作品を読み比べよう」〈サン＝テグジュペリ「星の王子さま」〉より

(1) ――線①「へええ！　変だなあ、そりゃ……。」と、教科書85ページ下9行「ああ、それはおかしいね。」を比較すると、①からは王子さまのどんな人柄が読み取れますか。次から一つ選び、記号で答えなさい。

ア　王子らしい気品あふれた人柄。
イ　人懐っこい、明るい人柄。
ウ　人見知りする人柄。

（　　）

ヒント　くだけた言葉を使っている点に着目しよう。

(2) 王子さまの言葉に「僕」が怒った理由について、答えなさい。

① この理由がはっきりと読み取れるのは、どちらの翻訳ですか。翻訳者名を書きなさい。

（　　）

ヒント　何に対して「僕」が怒ったのか、よくわかる翻訳を選ぼう。

② 理由がはっきり書かれた一文の、初めの五字を抜き出しなさい。

□□□□□

ヒント　「僕」に何が起こったのかが読み取れる一文だよ。

(3) 上の文章と教科書85ページ下の文章の二つの翻訳の違いを次から一つ選び、記号で答えなさい。

ア　地の文が、一つは敬体で、一つは常体で書かれている。
イ　一つは王子さまが、一つは「僕」が語り手である。
ウ　一つには符号が使われ、一つには符号がない。

（　　）

ヒント　基本的な違いは何かな。

ぴたトレ 1 要点チェック

盆土産

三浦哲郎

解答 p.8

1 新しく習った漢字　読み仮名を書きなさい。

①盆（　） ②漬ける（　） ③敏感（　） ④唐突（　）
⑤釣る（　） ⑥囲炉裏（　） ⑦濁る（　） ⑧著しい（　）
⑨かき揚げ（　） ⑩すり潰す（　） ⑪かみ砕く（　） ⑫唾液（　）
⑬湾曲（　） ⑭粒（　） ⑮跳ねる（　） ⑯柵（　）
⑰冷凍（　） ⑱焦げる（　） ⑲緻密（　） ⑳精進（　）
㉑不明瞭（　） ㉒食卓（　） ㉓崖（　） ㉔車掌（　）

2 重要語句　正しい意味を下から選び、記号で答えなさい。

①（　）心もとない　ア 頼りなく不安だ。
②（　）尋常　イ 普通である様子。あたりまえ。

3 主な登場人物　物語に出てくる人物を書きなさい。

① 少年…分校の三年生。父のために雑魚を釣る。
②（　）…普段は東京に出稼ぎに行っている。
③（　）…中学生。雑魚を「ジャッコ」と言う。
④（　）…婆っちゃ。

4 父の土産　当てはまる言葉を書きなさい。

・帰れぬと話していた（　）に帰ってきた父は、今まで食べたことのない（　）を土産に持ってきた。

得点UPポイント

登場人物の言動や描写から心情を読み取る！

☑ 登場人物の言葉や行動を表す語句から、それぞれの心情を読み取ろう。
☑ 状況を踏まえたうえで、登場人物の言動の意味を捉え、それぞれの人柄を読み取ろう。

ぴたトレ2 練習

盆土産

タイムトライアル 8分

解答 p.8

1 読解問題 文章を読んで、問いに答えなさい。

教科書93ページ19行〜94ページ11行

ゆうべ、といっても、まだ日が暮れたばかりの頃だったが、町の郵便局から赤いスクーターがやって来たときは、①家中でひやりとさせられた。東京から速達だというから、てっきり父親の工事現場で事故でもあったのではないかと思ったのだ。普段、速達などには縁のない暮らしをしているから、急な知らせには訳もなく不吉なものを感じてしまう。

ところが、封筒の中には、伝票のような紙切れが一枚入っていて、その裏に、濃淡の著しいボールペンの文字でこう書いてあった。『盆には帰る。十一日の夜行に乗るすけ。土産は、えびフライ。油とソースを買っておけ。』

②祖母と、姉と、三人で、しばらく顔を見合わせていた。父親は、正月休みで帰ってきたとき、今年の盆には帰れぬだろうと話していたから、みんなはすっかりその気でいたのだ。

もちろん、父親が帰ってくれるのはうれしかったが、正直いって土産が少し心もとなかった。えびフライというのは、まだ見たことも食ったこともない。姉に、どんなものかと尋ねてみると、

③「どったらもんって……えびのフライだえな。えんびじゃねくて、えびフライ。」

三浦 哲郎「盆土産」〈「冬の雁」〉より

(1) ――線①「家中でひやりとさせられた。」とありますが、それはなぜですか。文章中の言葉を用いて答えなさい。

（　　　　）

ヒント 急な知らせには「不吉なものを感じてしまう。」とあるよ。

(2) ――線②「祖母と、姉と、三人で、しばらく顔を見合わせていた。」とありますが、このとき三人はどんな気持ちでしたか。次から一つ選び、記号で答えなさい。

ア 土産がえびフライであることにがっかりしている。
イ なぜ土産がえびフライなのか、不思議に思っている。
ウ 予想もしていなかったことに、驚いて戸惑っている。

（　　）

ヒント 盆には帰れぬと言っていた父から、盆に帰ると連絡が来たよ。

(3) ――線③「どったらもんって……」とありますが、このとき姉はどんな気持ちでしたか。次から一つ選び、記号で答えなさい。

ア 自分もエビフライを知らないのに、困ったという気持ち。
イ えびフライを知らないのかと、弟を馬鹿にする気持ち。
ウ 弟にわかりやすく説明できるか不安な気持ち。

（　　）

ヒント えびフライについて「えびのフライ」と説明しているよ。

ぴたトレ 3 確認テスト①

盆土産（みやげ）

1 思考・判断・表現　文章を読んで、問いに答えなさい。

教科書96ページ19行～98ページ11行

土間の上がり框（かまち）で、土産の紙袋の口を開けてみて、まず、①盛んに湯気を噴き上げる氷にびっくりさせられた。ぶっかき氷にしては不透明で白すぎる、なにやら砂糖菓子のような塊が大小合わせて十個ほどもビニール袋に入っているので、これも土産の一つかと思って袋の口をほどいてみると、とたんに中から、もうもうと湯気のようなものが噴き出てきたのだ。びっくりして袋を取り落としたはずみに、中の塊が一つ飛び出した。

「あ、②もったいない。」

と姉が言うので、急いで拾おうとすると、ちょうど囲炉裏の灰の中から掘り出したばかりの焼き栗（ぐり）をせっかちにつまんだときのように、指先がひりっとして、③二度びっくりさせられた。そのうえそいつのほうから指先に吸い付いてくるので、慌てて強く手を振ると、そいつは板の間を囲炉裏の方まで転げていった。

「そったらもの、食っちゃなんねど。それは④ドライアイスつうもんだ。」

と、父親が炉端から振り向いて言った。

父親の話によれば、ドライアイスというのは空気に触れると白い煙になって跡形もなくなる氷だという。軽くて、とけても水にならないから、紙袋の中を冷やしたりするのに都合がいい。東京の上野（うえの）駅から近くの町の駅までは、夜行でおよそ八時間かかる。それから

(1) ――線①「盛んに湯気を……びっくりさせられた。」とありますが、それはなぜですか。次から一つ選び、記号で答えなさい。10点

ア それほど貴重なものが入っているとは思わなかったから。
イ 湯気を上げるような菓子があるとは知らなかったから。
ウ ドライアイスというものを知らなかったから。

(2) ――線②「もったいない。」とありますが、姉はなぜこのように言ったのですか。次から一つ選び、記号で答えなさい。10点

ア 食べられるものだと思っていたから。
イ あとで友達に見せようと思ったから。
ウ 貴重なドライアイスだから。

よく出る
(3) ――線③「二度びっくりさせられた。」とありますが、二度目に驚いたことは何ですか。二十字程度にまとめなさい。15点

(4) ――線④「ドライアイス」とありますが、氷と比較したときのドライアイスの利点が書かれた一文を文章中から探し、初めの五字を抜き出しなさい。（読点を含む）10点

(5) ――線⑤「道中」とありますが、上野駅から村の近くのバスの停留所まで約何時間かかりましたか。四字で答えなさい。10点

(6) ――線⑥「冷やし続けなければならなかった訳」とは何でしたか。「えびフライは～」という言葉に続けて簡潔に答えなさい。10点

考える
(7) ――線⑦「一晩中、……帰ってきた」とありますが、父親がこうまでして「えびフライ」を持ち帰ったのはなぜですか。「いっしょ」「家族」「珍しい」という言葉を用いて答えなさい。15点

時間20分
／100点
合格75点
解答 p.8

バスに乗り換えて、村にいちばん近い停留所まで一時間かかる。それで父親は、そのドライアイスをビニール袋にどっさりもらって、⑤道中それを小出しにしながら来たのだという。

そんなにまでして紙袋の中を⑥冷やし続けなければならなかった訳は、袋の底から平べったい箱を取り出してみて、初めてわかった。その箱の蓋には、『冷凍食品　えびフライ』とあり、中にパン粉を付けて油で揚げるばかりにした大きなえびが、六尾並んでいるのが見えていた。えびフライといっても、まだ生ものだから、父親は家へ帰り着くまでに鮮度が怪しくなったらいけないと思い、ただこの六尾のえびだけのために、⑦一晩中、眠りを寸断して冷やし続けながら帰ってきたのだ。

それにしても、箱の中のえびの大きさには、姉と二人で目をみはった。こんなに大きなえびがいるとは知らなかった。今朝釣ってきた雑魚（ざこ）のうちでいちばん大きなやつよりも、ずっと大きいし、よく肥えている。

「ずんぶ大きかえんえ？　これでも頭は落としてある。」

父親は、満足そうに毛ずねをぴしゃぴしゃたたきながら言った。

いったいどこの沼で捕れたえびだろうかと尋ねてみると、沼ではなくて海で捕れたえびだと父親は言った。

「これは車えびつうえびだけんど、海ではもっと大きなやつも捕れる。長（なが）えひげのあるやつも捕れる。」

父親が珍しくそんな冗談（じょうだん）を言うので、思わず首をすくめて笑ってしまった。

三浦 哲郎「盆土産」〈「冬の雁」〉より

2 ――線の片仮名を漢字で書きなさい。　各5点

① 間違いを<u>テイセイ</u>する。

② 鳥の<u>クシヤ</u>きを食べる。

③ 川の水が<u>ニゴ</u>る。

④ 簡単<u>メイリョウ</u>な答え。

1							2			
(1)	(2)	(3)	(4)	(5)	(6)	(7)	①	③	②	④
					えびフライは					

ぴたトレ 3

確認テスト②

盆土産（みやげ）

時間20分

／100点

合格75点

解答 p.9

1 思考・判断・表現　文章を読んで、問いに答えなさい。

教科書101ページ14行～103ページ14行

祖母は歯がないから、言葉はたいがい不明瞭だが、そのときは確かに、えびフライではなくえんびフライという言葉をもらしたのだ。

祖母は昨夜の食卓の様子を（えびのしっぽが喉につかえたことは抜きにして）祖父と母親に報告しているのだろうかと思った。そういえば、祖父や母親は生きているうちに、えびのフライなど食ったことがあったろうか。祖父のことは知らないが、まだ田畑を作っている頃に早死にした母親は、①あんなにうまいものは一度も食わずに死んだのではなかろうか――そんなことを考えているうちに、②なんとなく墓を上目でしか見られなくなった。父親は、少し離れた崖っぷちに腰を下ろして、黙ってたばこをふかしていた。

父親が③夕方の終バスで町へ出るので、独りで停留所まで送っていった。谷間はすでに日がかげって、雑魚（ざこ）を釣った川原では早くも河鹿（かじか）が鳴き始めていた。村外れのつり橋を渡り終えると、父親はとって付けたように、

「こんだ正月に帰るすけ、もっとゆっくり。」

と言った。すると、④なぜだか不意にしゃくり上げそうになって、とっさに、

「冬だら、ドライアイスもいらねべな。」

と言った。

「いや、そうでもなかべおん。」と、父親は首を横に振りながら言っ

(1) ――線①「あんなにうまいもの」とは、何のことですか。文章中から五字で抜き出しなさい。 10点

よく出る

(2) ――線②「なんとなく墓を上目でしか見られなくなった。」とありますが、それはなぜですか。次から一つ選び、記号で答えなさい。 10点

ア 祖父と母親にえびフライを食べたことを報告するかどうか迷っていたから。

イ 祖父と母親がこの場にいないことが、改めて悲しくなったから。

ウ 祖父と母親は食べたことがないだろうえびフライを、自分たちだけが食べたことが申し訳なかったから。

(3) ――線③「夕方」とありますが、この時間帯の情景を描写している文はどれですか。その一文を文章中から探し、初めの六字を抜き出しなさい。 10点

よく出る

(4) ――線④「なぜだか不意にしゃくり上げそうになって」とありますが、それはなぜですか。二十五字以内で説明しなさい。 15点

(5) ――線⑤「揺さぶった。」とありますが、何を揺さぶったのですか。文章中から五字で抜き出しなさい。 10点

(6) ――線⑥「ちょっと驚いたように立ち止まって、苦笑いした。」とありますが、父親はどんなことに対して苦笑いをしたのですか。文章中の言葉を用いて答えなさい。 10点

考える

(7) この場面の父親の言動から、父親はどんな人物だと思われますか。二十五字以内にまとめて答えなさい。 15点

た。「冬は汽車のスチームがききすぎて、汗こ出るくらい暑いすけ。ドライアイスだら、夏どこでなくいるべおん。」

それからまた、停留所まで黙って歩いた。

バスが来ると、父親は右手でこちらの頭をわしづかみにして、

「んだら、ちゃんと留守してれな。」

と⑤揺さぶった。それが、いつもより少し手荒くて、それで頭が混乱した。んだら、さいなら、と言うつもりで、うっかり、

「えんびフライ。」

と言ってしまった。

バスの乗り口の方へ歩きかけていた父親は、⑥ちょっと驚いたように立ち止まって、苦笑いした。

「わかってらぁに。また買ってくるすけ……。」

父親は、まだ何か言いたげだったが、男車掌が降りてきて道端に痰(たん)をはいてから、

「はい、お早くう。」

と言った。

父親は、何も言わずに、片手でハンチングを上から押さえてバスの中へ駆け込んでいった。

「はい、発車あ。」

と、野太い声で車掌が言った。

三浦 哲郎「盆土産」〈「冬の雁」〉より

2 ——線の片仮名を漢字で書きなさい。 各5点

① 氷のカタマリができる。

② 鍋のフタを洗う。

③ エラそうな態度をとる。

④ チミツな計画を立てる。

1 (1)	1 (2)	1 (3)	1 (4)	1 (5)	1 (6)	1 (7)	2 ①	2 ②	2 ③	2 ④

ぴたトレ 1 要点チェック

字のない葉書

向田邦子

1 新しく習った漢字　読み仮名を書きなさい。

① 邦子殿（　　）
② 挨拶（　　）
③ あがり性（　　）
④ 行儀（　　）
⑤ 肌着（　　）
⑥ 縫う（　　）
⑦ 雑炊（　　）
⑧ ぼた餅（　　）
⑨ 吐く（　　）
⑩ 叱る（　　）
⑪ 叫ぶ（　　）

2 重要語句　正しい意味を下から選び、記号で答えなさい。

①（　　）三日にあげず
②（　　）おろそか
③（　　）こそばゆい
④（　　）折り目正しい
⑤（　　）命からがら
⑥（　　）おびただしい
⑦（　　）はしゃぐ

ア　行儀作法にかなっている様子。
イ　調子に乗って浮かれ騒ぐ。
ウ　いい加減にする様子。
エ　照れくさい。
オ　間をあけず。たびたび。
カ　命だけはどうにか失わずに。
キ　数量が非常に多い。

3 二つの思い出　当てはまる言葉を書きなさい。

・前半…親元を離れた「私」への（①　　）からの手紙。
・後半…疎開した（②　　）から届いた字のない葉書。
　疎開先から帰ってくる②を迎える家族の様子。

4 妹からの葉書の変化　正しい順番に記号を書きなさい。

ア　情けない黒鉛筆の小マルが書かれた葉書。
イ　威勢のいい赤鉛筆の大マルが書かれた葉書。
ウ　バツが書かれた葉書。

（　　→　　→　　）

得点UPポイント

言動や様子から人柄や心情を読み取る！

☑ 人柄や心情は直接表現されていなくても、言動や様子、情景の描写から読み取れる。
☑ 二つの思い出から、父親に対する「私」の思いを捉えよう。

左の文章では、自分宛ての宛名を書いた、父の心情が読み取れるよ。

解答 p.10

字のない葉書

タイムトライアル 8分

解答 p.10

1 読解問題 文章を読んで、問いに答えなさい。

教科書107ページ14行〜108ページ4行

終戦の年の四月、小学校一年の末の妹が甲府に学童疎開をすることになった。すでに前の年の秋、同じ小学校に通っていた上の妹は疎開をしていたが、下の妹はあまりに幼く不憫だというので、両親が手放さなかったのである。ところが、三月十日の東京大空襲で、家こそ焼け残ったものの命からがらのめに遭い、このまま一家全滅するよりは、と①心を決めたらしい。

妹の出発が決まると、暗幕を垂らした暗い電灯の下で、母は当時貴重品になっていたキャラコで肌着を縫って名札を付け、父はおびただしい葉書にきちょうめんな筆で②自分宛ての宛名を書いた。

「元気な日はマルを書いて、毎日一枚ずつポストに入れなさい。」

と言ってきかせた。妹は、まだ字が書けなかった。

宛名だけ書かれたかさ高な葉書の束をリュックサックに入れ、雑炊用の丼を抱えて、③妹は遠足にでも行くようにはしゃいで出かけていった。

向田 邦子「字のない葉書」〈「眠る盃」〉より

(1) ——線①「心を決めた」とありますが、両親はどんなことを決めたのですか。それがわかる一文を文章中から探し、初めの五字を抜き出しなさい。

□□□□□

ヒント 幼い下の妹について、「一家全滅するよりは」と決心したよ。

(2) ——線②「自分宛ての宛名を書いた。」とありますが、ここから父のどんな心情がわかりますか。次から一つ選び、記号で答えなさい。

ア まだ幼い娘を一人で疎開させるのが心配でたまらない。
イ 寂しくなったら、いつでも手紙を書いてほしい。
ウ 宛名を手本にして、字を書く練習をしてほしい。

(　　)

ヒント 字が書けない妹の様子を知るために宛名を書いているよ。

(3) ——線③「妹は遠足にでも……出かけていった。」とありますが、この妹の様子から、どんなことがわかりますか。次から一つ選び、記号で答えなさい。

ア 心配をかけないために、無理に明るく振る舞っていること。
イ 不安がある一方で、疎開先のことが気になっていること。
ウ 疎開がどういうものかがわかっていないほど幼いこと。

(　　)

ヒント 疎開に行く妹は、「はしゃいで」いてうれしそうだよ。

ぴたトレ 1
要点チェック

言葉2 敬語

解答 p.10

1 新しく習った漢字　読み仮名を書きなさい。

①（　）伺う　②（　）来賓　③（　）行為　④（　）謙譲
⑤（　）芳名　⑥（　）御社（しゃ）　⑦（　）愚見　⑧（　）弊社
⑨（　）拙著　⑩（　）粗品　⑪（　）風（ふ）呂　⑫（　）俳諧

2 重要語句　正しい意味を下から選び、記号で答えなさい。

①（　）来賓　ア 他人の父の敬った言い方。
②（　）謙譲　イ 自分の会社のへりくだった言い方。
③（　）芳名　ウ へりくだり、相手を立ててゆずること。
④（　）尊父　エ 自分の書いた書物のへりくだった言い方。
⑤（　）愚見　オ 会や式などに招かれて来た客。
⑥（　）弊社　カ 他人の名前の敬った言い方。
⑦（　）拙著　キ 自分の意見のへりくだった言い方。

スタートアップ

丁寧語

☑ 話し手（書き手）が聞き手（読み手）に対して丁寧さを表す語。

例 ・…です。　・…ます。　・…（で）ございます。

尊敬語

☑ 話題の中の動作・行為をする人に対して敬意を表す語。

例 〈動詞〉・お（ご）〜になる　・〜れる（られる）

例 〈名詞〉・お〜　・ご〜

● 特定の形に変化する動詞、特定の名詞に付く形がある。

例 ・いらっしゃる／おっしゃる　・芳名／御社

謙譲語

☑ 動作・行為が向かう先に対して敬意を表す語。

例 〈動詞〉・お（ご）〜する

例 〈名詞〉・お〜　・ご〜

● 特定の形に変化する動詞、特定の名詞に付く形がある。

例 ・参る*／伺う／いただく　・愚見*／拙著*

● 謙譲語の中には、聞き手（読み手）への敬意を表すものがあり、これらを**丁重語**とすることもある。（＊印）

● 話し手（書き手）が自分自身の言葉を美しく表現したものを**美化語**という。

ぴたトレ2 練習

言葉2 敬語

タイムトライアル 10分

解答 p.10

1 敬語について、答えなさい。

(1) ――線の敬語は、**ア**丁寧語、**イ**尊敬語、**ウ**謙譲語のどれですか。記号で答えなさい。

① 明日、母がお宅へ伺います。
② 去年の夏のことを思い出します。
③ 先ほど、お手紙を拝見しました。
④ 遠慮しないで、どうぞ召しあがれ。
⑤ こちらに用意してございます。
⑥ 先生が三時にいらっしゃる予定です。
⑦ 父がそのように申しました。
⑧ 校長先生が全校生徒の前でお話しになる。
⑨ 明日は僕の誕生日です。

(2) ――線の言葉を(　)内の敬語に書き直しなさい。

① 先生から写真をもらいました。(謙譲語)
② こちらのメニューを見てください。(尊敬語)
③ その本だったら、私の机の上にある。(丁寧語)
④ 中村さんが言ったとおりだと思います。(尊敬語)

(3) 敬語の使い方が正しい文を次から一つ選び、記号で答えなさい。

ア お食事がお済みでなければ、どうぞいただいてください。
イ 先生、明日母が伺うとおっしゃっていました。
ウ 来週は何曜日においでになりますか。
エ 川野さんは、もうお帰りになられるそうです。

(4) 例文の――線の敬語と、同じ種類の敬語をそれぞれ後から選び、記号で答えなさい。

① これを先生に差しあげようと思います。
ア いただく　**イ** いらっしゃる　**ウ** お座りになる

② 母は五時に参ります。
ア おっしゃる　**イ** です　**ウ** 伺う

③ 今、強い雨が降っています。
ア ございます　**イ** なさる　**ウ** いたす

④ 石川さんのお書きになった論文を拝読しました。
ア 存じる　**イ** お会いする　**ウ** お越しになる

1						
(1)		(2)		(3)	(4)	
①	⑥	①	③		①	
②	⑦	②	④		②	
③	⑧				③	
④	⑨				④	
⑤						

ぴたトレ 1

要点チェック

漢字2 同じ訓・同じ音をもつ漢字
（漢字に親しもう3）

解答 p.11

スタートアップ

同じ訓をもつ漢字の使い分け

☑ それぞれの漢字の意味を考え、文脈に合わせて使い分ける。

● 漢字の意味は、熟語を思い浮かべるとよい。

努める	勤める
意味 力を尽くして頑張る。 熟語 努力 例文 学問に努める。	意味 職員として働く。 熟語 勤務 例文 銀行に勤める。

同じ読みをする熟語の使い分け

☑ 同じ読みで意味の異なる熟語を**同音異義語**という。

● 漢字の意味は、その漢字を使った他の熟語や訓を思い浮かべるとよい。

異動	移動
意味 職場で、地位や仕事が変わること。 訓読み 「異なる」＋「動く」 例文 人事異動。本社に異動になる。	意味 場所が変わること。 訓読み 「移る」＋「動く」 例文 移動図書館。音楽室に移動する。

1 新しく習った漢字　読み仮名を書きなさい。

①酪農（　）　②感慨（　）　③紳士（　）　④福祉（　）
⑤鐘（　）　⑥鋳る（　）　⑦干渉（　）　⑧平衡（　）
⑨享受（　）　⑩軌跡（　）　⑪配膳（　）　⑫海藻（　）
⑬摂取（　）　⑭醸造（　）　⑮麺類（　）　⑯充塡（　）
⑰佳作（　）　⑱凹凸（　）　⑲募金（　）　⑳過剰（　）
㉑映える（　）　㉒省みる（　）　㉓著す（　）　㉔推す（　）

2 重要語句　正しい意味を下から選び、記号で答えなさい。

①（　）陳謝　　ア つりあいがとれて安定していること。
②（　）平衡　　イ 理由を述べて謝ること。

ぴたトレ 2 練習

漢字2 同じ訓・同じ音をもつ漢字

タイムトライアル 8分

解答 p.11

1 同じ訓をもつ漢字について、答えなさい。

(1) ——線の片仮名の漢字をそれぞれ後から選びなさい。

① a 木の実をトる。
b 筆をトる。
c 映画をトる。

ア 撮 **イ** 執 **ウ** 採

② a 小麦粉を牛乳でトく。
b 暗号をトく。
c 道理をトく。

ア 解 **イ** 説 **ウ** 溶

③ a お金がイる。
b ゴマをイる。
c 的をイる。

ア 煎 **イ** 射 **ウ** 要

(2) ——線の片仮名を漢字に直しなさい。

① a フヨウ不急な買い物を控える。
b フヨウなものを回収する。

② a ゼッタイに勝つと誓う。
b ゼッタイ絶命の危機。

③ a 今日から交通安全シュウカンだ。
b 生活シュウカンを見直す。

2 同じ読みをする熟語について、答えなさい。

(1) （ ）の中から適切な熟語を選び、記号で答えなさい。

① 新旧の（**ア** 対照 **イ** 対称）がおもしろい。
② 製造（**ア** 過程 **イ** 課程）を明らかにする。
③ 一打逆転の（**ア** 正気 **イ** 勝機）をつかむ。
④ 注意を（**ア** 喚起 **イ** 換気）する。
⑤ 紙面の（**ア** 校正 **イ** 構成）を工夫する。
⑥ 学校のプールを（**ア** 解放 **イ** 開放）する。

1			2				
①	②	③	(1)		(2)		
a	a	a	①	④	①	②	③
					a	a	a
b	b	b	②	⑤			
					b	b	b
c	c	c	③	⑥			

ぴたトレ 1 要点チェック

モアイは語る——地球の未来（根拠の吟味）

安田喜憲（やすだよしのり）

解答 p.12

1 新しく習った漢字 読み仮名を書きなさい。

①巨大（　） ②孤島（　） ③膨大（　） ④謎（　）
⑤栽培（　） ⑥凝灰岩（　） ⑦大抵（　） ⑧運搬（　）
⑨堆積（　） ⑩徐々に（　） ⑪薪（　） ⑫放棄（　）
⑬侵食（　） ⑭抗争（　） ⑮頻発（　） ⑯崩壊（　）
⑰恒常化（　） ⑱飢餓（　） ⑲漆黒（　） ⑳地獄（　）
㉑吟味（　） ㉒把握（　） ㉓一致（　）

2 重要語句 正しい意味を下から選び、記号で答えなさい。

①（　）判明　ア　盛んになり発展すること。
②（　）繁栄　イ　はっきりとわかること。

3 モアイについて 当てはまる言葉を書きなさい。

①モアイ…（　）を彫った、巨大な（　）。
②存在する場所…南太平洋の絶海の孤島、（　）。

4 文章の構成 「序論」「本論」「結論」のいずれかを書きなさい。

①（　）…筆者の主張。
②（　）…問いに対する答えとその根拠。
③（　）…モアイやモアイを作った文明についての問い。

得点UPポイント

モアイについての問い の内容を読み取る！

☑ この文章では、最初のまとまりに、モアイやモアイを作った文明について、四つの問いが示されている。

☑ 「問い」→「答えとその根拠」→「筆者の主張」という論理の展開を進めるうえで重要な「問い」の内容を、疑問を表す言葉に着目して、押さえておこう。

左の文章には、四つの「問い」が並べて書かれているよ。

ぴたトレ 2

練習

モアイは語る――地球の未来

タイムトライアル 8分

解答 p.12

1 読解問題 文章を読んで、問いに答えなさい。

教科書124ページ1行～125ページ5行

君たちはモアイを知っているだろうか。それは、人間の顔を彫った巨大な石像であり、大きなものでは高さ二十メートル、重さ八十トンにも達する。モアイは、南太平洋の絶海の孤島イースター島にある。イースター島は、日本の種子(たねがしま)島の半分にも満たない大きさの火山島だ。この小さな島で、これまでに千体近いモアイが発見されている。

①いったいこの膨大な数の巨像を誰が作り、あれほど大きな像をどうやって運んだのか。また、あるときを境として、この巨像モアイは突然作られなくなる。いったい何があったのか。モアイを作った文明はどうなってしまったのだろうか。実は、この絶海の孤島で起きた出来事は、私たちの住む地球の未来を考えるうえで、とても大きな問題を投げかけているのである。これまでにわかってきたイースター島の歴史について述べながら、モアイの秘密に迫っていきたい。

安田 喜憲「モアイは語る――地球の未来」より

(1) 第一段落は、何について書かれていますか。次から一つ選び、記号で答えなさい。

ア モアイと地球の未来の関係について。
イ モアイとモアイがある場所について。
ウ 火山島の特徴について。

（　　）

ヒント 最初の一文で問いかけてから、説明しているよ。

(2) 第二段落には、どんな問いが示されていますか。四つ、簡潔に答えなさい。

（　　）
（　　）
（　　）
（　　）

ヒント 「いったい」「どうやって」などの疑問を表す言葉に着目。

(3) 筆者は、なぜイースター島で起きた出来事を文章にしたのですか。簡潔に答えなさい。

（　　）

ヒント イースター島だけのことではないんだよ。

ぴたトレ 3 確認テスト

モアイは語る――地球の未来

時間20分
／100点
合格75点

解答 p.12

1 思考・判断・表現 文章を読んで、問いに答えなさい。

教科書125ページ6行〜127ページ6行

絶海の孤島の巨像を作ったのは誰か。謎が謎を呼び、宇宙人がやって来て作ったのではないかという説まで飛び出した。しかし、最近になって、①それは西方から島伝いにやって来た②ポリネシア人であることが判明した。墓の中の化石人骨の分析や、彼らが持ってきたヒョウタンなどの栽培作物の分析から明らかになったのだ。さらに、初期の遺跡から出土した炭化物を測定した結果、ポリネシア人が最初にこの島にやって来たのは、五世紀頃であることも明らかになった。

その頃、人々はポリネシアから運んできたバナナやタロイモを栽培し、豊かな海の資源を採って生活していた。そして、③十一世紀頃、突然巨大なモアイの製造が始まる。同じ時期に、遺跡の数も急増しており、この島の人口が急激に増加を始めたことがわかる。人口は百年ごとに二倍ずつ増加し、十六世紀には一万五千から二万に達していたと推定されている。

大半のモアイは、島の東部にあるラノ・ララクとよばれる石切り場で作られた。このラノ・ララクには、モアイを作るのに適した軟らかい凝灰岩が露出していたからである。人々は硬い溶岩や黒曜石でできた石器を使って、モアイを削り出した。

④削り出されたモアイは、海岸に運ばれ、アフとよばれる台座の上に立てられた。このとき初めて、モアイに目の玉が入れられた。⑤ア

(1) この文章を二つに分けた場合、後半部分はどこから始まりますか。文章中から後半部の初めの五字を抜き出しなさい。 10点

(2) ――線①「それ」は何を指していますか。その内容に当たる一文を文章中から抜き出しなさい。 10点

(3) ――線②「ポリネシア人であることが判明した。」とありますが、何によって判明したのですか。文章中の言葉を用いて、二つ答えなさい。 各10点

(4) ――線③「十一世紀頃、突然巨大なモアイの製造が始まる。」とありますが、この時期の島の状態を二字の熟語で表すとどうなりますか。次から一つ選び、記号で答えなさい。 10点

ア 衰退　イ 繁栄　ウ 停滞

よく出る (5) ――線④「削り出されたモアイ」とありますが、①どこで、②何を使って、削り出されたのですか。文章中からそれぞれ四字以内で抜き出しなさい。 各5点

(6) ――線⑤「アフの上のモアイは、……立てられた。」とありますが、それはなぜですか。次から一つ選び、記号で答えなさい。 5点

ア モアイは海の方に向けると傷みやすかったから。
イ モアイが万一倒れても、海の方に倒れるようにしたから。
ウ 住民は自分たちの方へモアイを向けて、見守られながら生活したかったから。

考える (7) ――線⑥「この謎を解明したのが、私たちの研究だった。」とありますが、研究の結果、どんな発見からどんなことが判明しましたか。まとめて答えなさい。 15点

フの上のモアイは、大抵の場合、陸の方に向けて立てられた。それは、モアイがそれぞれの集落の祖先神であり、守り神だったからだと考えられる。人人はいつもモアイの目に見守られながら生活していたのであろう。

　それにしても、ラノ・ララクの石切り場から、数十トンもあるモアイをどのようにして海岸のアフまで運んだのだろうか。石ころだらけの火山島を十キロも二十キロも運ぶには、木のころが必要不可欠である。モアイを台座のアフの上に立てるときでも、支柱は必要だ。

　しかし、現在のイースター島には、オーストラリアから持ってきて最近植栽したユーカリの木以外には、森は全くなく、広大な草原が広がっているだけである。モアイが作られた時代、モアイの運搬に必要な木材は存在したのだろうか。

　⑥この謎を解決したのが、私たちの研究だった。私はニュージーランドのマセイ大学J・フレンリー教授と共に、イースター島の火口湖にボーリングをして堆積物を採取し、堆積物の中に含まれている花粉の化石を分析してみた。すると、イースター島にポリネシア人が移住した五世紀頃の土の中から、ヤシの花粉が大量に発見されたのだ。このことは、人間が移住する前のイースター島が、ヤシの森に覆われていたことを示している。

安田喜憲「モアイは語る——地球の未来」より

2　――線の片仮名を漢字で書きなさい。

①　ボウダイな量に驚く。
②　試合をホウキする。
③　事故がヒンパツする。
④　制度がホウカイする。

各5点

1 (1)	1 (2)	1 (3)	1 (4)	1 (5) ①	1 (5) ②	1 (6)	1 (7)	2 ①	2 ②	2 ③	2 ④

ぴたトレ 1 要点チェック

音読を楽しもう　月夜の浜辺
（漢字に親しもう4）

中原中也

解答 p.13

1 新しく習った漢字 読み仮名を書きなさい。

①鎌倉（　）　②古墳（　）　③陣頭（　）　④開拓（　）
⑤狩猟（　）　⑥勃発（　）　⑦痕跡（　）　⑧臆病（　）
⑨楷書（　）　⑩邸宅（　）　⑪骸骨（　）　⑫該当（　）
⑬委嘱（　）　⑭呪縛（　）　⑮示唆（　）　⑯お歳暮（　）
⑰衣装（　）　⑱神業（　）　⑲暴露（　）　⑳忍ぶ（　）

2 重要語句 正しい意味を下から選び、記号で答えなさい。

①（　）勃発　　**ア** 和服のそでの下の袋状の部分。
②（　）委嘱　　**イ** 事件などが突然発生すること。
③（　）袂（たもと）　　**ウ** ある仕事を人に頼んでしてもらうこと。

スタートアップ

詩の用語・形式上の種類

☑ 口語自由詩

● 歴史的仮名遣いが使われているが、口語（現代の言葉）で書かれている。

● 七音が多用されているが、音数に一定の決まりはない。

表現技法

☑ 反復…第一連・第三連「月夜の晩に、ボタンが一つ／波打際（なみうちぎは）に、落ちてゐた。」
　第二連・第四連「それを拾つて、役立てようと／僕は思つたわけでもないが」
　「僕はそれを、袂（たもと）に入れた。」
　第五連・第六連「月夜の晩に、拾つたボタンは」

☑ 対句…第四連「月に向（むか）つて　それは抛（はふ）れず」
　「浪（なみ）に向つて　それは抛れず」
　第五連「指先に沁（し）み」
　「心に沁みた」

主題

☑ 月夜の晩に拾ったボタンへの共感。

音読を楽しもう　月夜の浜辺

タイム トライアル 10分

解答 p.13

1 読解問題　詩を読んで、問いに答えなさい。

教科書144ページ～145ページ

月夜の浜辺　　中原 中也

月夜の晩に、ボタンが一つ
波打際(なみうちぎわ)(ワ)に、落ちてゐた。

①それを拾(ヒロ)つて、役立てようと
僕は思(オモ)つたわけでもないが
なぜだかそれを捨てるに②忍びず
僕はそれを、袂に入れた。

月夜の晩に、ボタンが一つ
波打際に、落ちてゐた。

それを拾(ヒロ)つて、役立てようと
僕は思(オモ)つたわけでもないが
　月に向(ムカ)つてそれは抛(ホウ)れず
　浪に向(ムカ)つてそれは抛(ホウ)れず
僕はそれを、袂に入れた。

月夜の晩に、拾(ヒロ)つたボタンは
指先に沁み、心に沁みた。

月夜の晩に、拾(ヒロ)つたボタンは
どうしてそれが、捨てられようか？

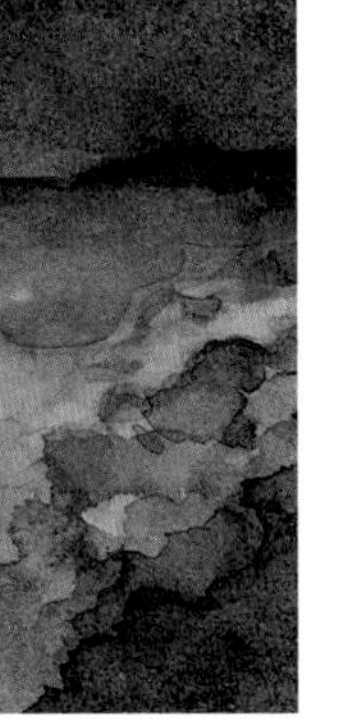

(1) ‖線の歴史的仮名遣いを現代仮名遣いに直し、平仮名で書きなさい。
（　　　　）

ヒント　ワ行の「ワ」以外の音は、ア行になるよ。

(2) ――線①「それ」とは何のことですか。説明しなさい。
（　　　　）

ヒント　どこにあったものかも説明しよう。

(3) ――線②「忍びず」とはどんな意味ですか。次から一つ選び、記号で答えなさい。
ア　隠しきれない
イ　避けられない
ウ　耐えられない
（　　　　）

ヒント　捨てずに袂に入れた気持ちを考えてみよう。

(4) 作者がボタンを捨てなかったのはなぜですか。次から一つ選び、記号で答えなさい。
ア　ゴミになるから。
イ　自分で使おうと思ったから。
ウ　なぜか心に沁みたから。
（　　　　）

ヒント　ボタンが作者の心にどう響いたのかを読み取ろう。

ぴたトレ 1 要点チェック

音読を楽しもう　平家物語

解答 p.13

スタートアップ

「平家物語」について

- ☑ 成立…鎌倉時代。
- ☑ ジャンル…軍記物語。
- ☑ 作者…信濃前司行長といわれるが、はっきりしない。
- ☑ 内容…平家一門の繁栄と没落までの壮大な人間絵巻。
- ☑ 表現…**対句表現**の多用 ⬇ リズム感が生まれる。
  擬音語の多用 ⬇ 場面に躍動感が生まれる。
- ● 仏教的無常観を基調としながら、中世という新時代の担い手となった武士の姿が、生き生きと描かれている。
- ● 琵琶法師の語る「平曲（平家琵琶）」として、親しまれてきた。

「平家物語」冒頭部分の概要

- ☑ 前半の四行…「諸行無常」という仏教的無常観を示し、「平家物語」の主題を表している。
- ☑ 後半の四行…「春の夜の夢」「風の前の塵」というはかないことのたとえを用い、権力者や勇猛な武者たちもまた、永久不変ではないことを表している。
- ☑ 表現…前半・後半とも、対句表現が用いられ、独特のリズムが生まれている。

1 歴史的仮名遣い 現代仮名遣いに直しなさい。

① あらはす→（　　）
② つひには→（　　）
③ ひとへに→（　　）

2 重要語句 正しい意味を下から選び、記号で答えなさい。

①（　）諸行無常
②（　）盛者必衰
③（　）理
④（　）春の夜の夢
⑤（　）たけき者

ア はかないことのたとえ。
イ 勇ましくて強い人。
ウ 盛んな者は必ず衰えるということ。
エ 道理。
オ この世のものは常に移り変わり、永久不変なものはないこと。

タイムトライアル 10分

解答 p.13

1 読解問題　文章を読んで、問いに答えなさい。

教科書150ページ

祇園精舎（ぎをんしやうじや）（ギオンショウジャ）の鐘の声、諸行（しよぎやう）（ショギョウ）無常の響きあり。①沙羅双樹（しやらさうじゆ）（シャラソウジュ）の花の色、盛者必衰（じやうしやひつすい）（ジョウシャヒッスイ）の理をあらは（ワ）す。②おごれる人も久しからず、ただ③春の夜の夢のごとし。たけき者もつひ（イ）には滅（ほろ）びぬ、ひとへ（エ）に風の前の塵に同じ。

現代語訳

祇園精舎の鐘の響きは、万物流転（ばんぶつるてん）の常ならぬ世のさまを伝え、白々と散る沙羅双樹の花の姿は、栄える者の必ず滅びゆく道理を告げる。権におごる者の運命は、春の夜の夢のようにはかない。武に強い人の身の上もまた、ついには消えうせること、ひとえに風に吹き飛ぶ塵のようなものだ。

中山　義秀訳「平家物語」より

「音読を楽しもう　平家物語」より

(1) 「平家物語」の中心となる思想は何ですか。古文の中から四字で抜き出しなさい。

□□□□

ヒント　最初の一文に強く打ち出されているよ。

(2) ——線①「沙羅双樹の花の色」とありますが、これはどんな道理を表しているのですか。次から一つ選び、記号で答えなさい。

ア　栄える者はいつまでも繁栄するという道理。
イ　栄える者は必ず滅びゆくという道理。
ウ　栄える者は横暴の限りを尽くすという道理。

（　　）

ヒント　続く部分に着目。「理」とは「道理」の意味だよ。

(3) ——線②「おごれる人」とありますが、これと同じように平家を指す言葉はどれですか。古文の中から二つ抜き出しなさい。

（　　）（　　）

ヒント　「久しからず」と述べている点に着目しよう。

(4) ——線③「春の夜の夢のごとし。」とありますが、これと同じ意味のたとえを古文の中から八字で抜き出しなさい。（句読点は含まない。）

□□□□□□□□

ヒント　「はかないこと」のたとえ。対句になっていることに着目。

ぴたトレ 1 要点チェック

扇の的――「平家物語」から

1 新しく習った漢字 読み仮名を書きなさい。

①扇（　） ②僅か（　） ③突如（　） ④舟（　）
⑤女房（　） ⑥手綱（　） ⑦漂う（　） ⑧矢面（　）
⑨浦（　） ⑩堪える（　） ⑪逸話（　） ⑫三騎（　）
⑬嘲笑（　）

2 重要語句 正しい意味を下から選び、記号で答えなさい。

①（　）しからば
②（　）をりふし
③（　）おぼしめす
④（　）あやまつ
⑤（　）宣ふ

ア 間違える。
イ それならば。
ウ 折から。ちょうどその時。
エ 「言う」の尊敬語。おっしゃる。
オ 「思う」の尊敬語。お思いになる。

スタートアップ

文章構成

まとまり	内容
源氏の挙兵と平家の逃亡	平家一門は都を捨てて屋島に退いたが、源義経の急襲に遭い、海上に逃れた。
平家の挑発と与一への命令	平家方が扇を竿の先に立て、手招きをした。義経は扇を射るように与一に命じる。
矢の的中	与一は神仏に祈り、扇を見事に射切る。その腕前に両軍とも感嘆し、はやし立てた。
平家方の男を射倒す与一	義経は舞い始めた平家の男を射るように命じる。与一は命令に従い男を射倒す。
弓流し	海に落ちた弓を命懸けで拾い上げた義経は、その理由を、弱々しい弓を敵に拾われ、嘲笑されるのが悔しいからだと語る。

表現の特色

☑ 対句表現の多用

例 「沖には平家……見物す」↔「陸には源氏……見る」
「かぶらは海へ入りければ」↔「扇は空へぞ上がりける」

☑ 擬音語の多用

例 「ひやうど」（「ひょうと」）／「ひいふつ（と）」（「ひいふっ（と）」）／「ひやうふつ（と）」（「ひょうふっ（と）」）

それぞれの場面の登場人物の心情も考えよう。

解答 p.13

扇の的――「平家物語」から

タイムトライアル 12分

解答 p.13

1 読解問題 文章を読んで、問いに答えなさい。

教科書152ページ上15行～153ページ上13行

ころは二月十八日の酉の刻ばかりのことなるに、をりふし北風激しくて、磯打つ波も高かりけり。舟は、揺り上げ揺りすゑ漂へば、扇もくしに定まらずひらめいたり。①沖には平家、舟を一面に並べて見物す。陸には源氏、くつばみを並べてこれを見る。いづれもいづれも②晴れならずといふことぞなき。与一目をふさいで、

「南無八幡大菩薩、我が国の神明、日光の権現、宇都宮、那須の湯泉大明神、願はくは、あの扇の真ん中射させてたばせたまへ。これを射損ずるものならば、弓切り折り自害して、人に二度面を向かふべからず。いま一度本国へ迎へんとおぼしめさば、この矢はづさせたまふな。」

と心のうちに祈念して、目を見開いたれば、風も少し吹き弱り、扇も射よげにぞなつたりける。

「扇の的――『平家物語』から」より

(1) ＝＝線の歴史的仮名遣いを現代仮名遣いに直し、平仮名で書きなさい。

（　　　）（　　　）

ヒント 「かふ」→「かう」で、母音が「au」になるよ。

(2) ――線①「沖には平家、……見物す。」と対句になっている一文を探し、抜き出しなさい。

（　　　）

ヒント この文と、形や意味が対応している文を探そう。

(3) ――線②「晴れならずといふことぞなき。」とありますが、この意味を次から一つ選び、記号で答えなさい。

ア 空が晴れないということはないだろう。
イ 心配で、心が晴れることがない。
ウ まことに晴れがましい情景である。

（　　　）

ヒント ここでの「晴れ」は、天気のことではないよ。

(4) どうしても命中させたいという与一の気持ちが表れている一文を、与一の言葉の中から探し、初めの七字を抜き出しなさい。

□□□□□□□

ヒント 与一が命懸けで臨んでいることがわかる文を探そう。

ぴたトレ 3
確認テスト

扇の的――「平家物語」から

時間20分
／100点
合格75点
解答 p.13

1 思考・判断・表現 文章を読んで、問いに答えなさい。

教科書154ページ上1行〜155ページ上13行

　与一、かぶらを取つてつがひ、よつぴいて①ひやうど放つ。小兵といふぢやう、十二束三伏、弓は強し、浦響くほど長鳴りして、あやまたず扇の要ぎは一寸ばかりおいて、ひいふつとぞ射切つたる。かぶらは海へ入りければ、扇は空へぞ上がりける。しばしは虚空にひらめきけるが、春風に一もみ二もみもまれて、②海へさつとぞ散つたりける。夕日のかかやいたるに、みな紅の扇の日出だしたるが、白波の上に漂ひ、浮きぬⓐしづみぬ揺られければ、沖には平家、ふなばたをたたいて感じたり、陸には源氏、えびらをたたいてどよめきけ

(1)　＝線ⓐ〜ⓒの歴史的仮名遣いを現代仮名遣いに直し、平仮名で書きなさい。　各5点

よく出る (2)　―線①「ひやうど」とは、矢が飛ぶ音を表す擬音語です。あと二つ、文章中から擬音語を抜き出しなさい。　各5点

(3)　―線②「海へさつとぞ散つたりける。」について、答えなさい。

①　この主語は何ですか。次から一つ選び、記号で答えなさい。　5点

ア　かぶら　**イ**　弓　**ウ**　扇

②　「海へさつとぞ散つたりける。」ものの様子を、色の対比を用いて表現した部分があります。その部分を四十六字で探し、初めと終わりの四字を抜き出しなさい。　5点

(4)　―線③「舞ひしめたり。」とありますが、男が舞を舞った理由をどのように述べていますか。それが書かれた部分を十九字で探し、初めと終わりの四字を抜き出しなさい。　10点

よく出る (5)　―線④「御定ぞ、つかまつれ。」について、答えなさい。

①　「御定」とは「御命令」の意味ですが、誰が命令したのですか。次から一つ選び、記号で答えなさい。　5点

ア　義盛　**イ**　与一　**ウ**　源氏を率いる義経

②　どんな命令ですか。具体的に答えなさい。　10点

(6)　―線⑤「あ、射たり。」と言ったのは、源氏、平家のどちら方の武士ですか。　5点

考える (7)　―線⑥「情けなし。」とありますが、これを与一への批判としたとき、なぜこのように言ったのか、理由を考えて答えなさい。　15点

り。

あまりのおもしろさに、感にⓑ堪へざるにやとおぼしくて、舟のうちより、年五十ばかりなる男（をのこ）の、黒革ⓒをどしの鎧（よろひ）着て、白柄（しらえ）の長刀（なぎなた）持つたるが、扇立てたりける所に立つて③舞ひしめたり。伊勢三郎（いせのさぶらう）義盛（よしもり）、与一が後ろへ歩ませ寄つて、

「④御定（ごぢやう）ぞ、つかまつれ。」

と言ひければ、今度は中差（なかざし）取つてうちくはせ、よつぴいて、しや頸（くび）の骨をひやうふつと射て、舟底へ逆さまに射倒す。平家の方（かた）には音もせず、源氏の方にはまたえびらをたたいてどよめきけり。

「⑤あ、射たり。」

と言ふ人もあり、また、

「⑥情けなし。」

と言ふ者もあり。

「扇の的――『平家物語』から」より

2 ――線の片仮名を漢字で書きなさい。　各5点

① ワズかな差で負けた。
② トツジョとして怒り出す。
③ 馬のタヅナを引く。
④ 人前でチョウショウされる。

1										2			
(1) ⓐ	(1) ⓑ	(1) ⓒ	(2)	(3) ①	(3) ②	(4)	(5) ①	(5) ②	(6)	(7)	①	②	③	④
					〜	〜								

ぴたトレ 1 要点チェック

仁和寺にある法師――「徒然草」から

兼好法師

解答 p.14

1 新しく習った漢字 読み仮名を書きなさい。

① 鋭い（　　） ② 勝る（　　）

2 重要語句 正しい意味を下から選び、記号で答えなさい。

①（　　）つれづれなり
②（　　）うつりゆく
③（　　）よしなし事
④（　　）あやし
⑤（　　）心うし
⑥（　　）心得
⑦（　　）かたへの人
⑧（　　）年ごろ
⑨（　　）おはす
⑩（　　）先達

ア 妙だ。
イ 思い込む。理解する。
ウ 心に浮かんでは消えてゆく。
エ 情けない。つらい。
オ 「いる」の尊敬語。いらっしゃる。
カ することがなく退屈なさま。
キ 先導者。案内人。
ク 仲間。そばにいる人。
ケ とりとめのないこと。
コ 長年の間。数年来。

スタートアップ

「徒然草」について

☑ 作者…兼好法師
☑ ジャンル…随筆
☑ 内容…自然や人間についての鋭い考えや感想、見聞が、作者自身の無常観に基づいてつづられている。
☑ 序段…「徒然草」の章段を書きつける心境を述べたもの。

「仁和寺にある法師」の教訓

☑ 少しのことでも先導者が必要だ。

係り結び

☑ 作者や登場人物の感動や疑問を、より強調するときに用いる。係りの助詞で強調され、文末（結び）が変化する。

＊連体形…体言に続く形。已然形…「ば・ども」などに続く形。

係りの助詞	結び	例
ぞ	連体形	扇も射よげにぞなつたりける。
なむ	連体形	もと光る竹なむありける。
や	連体形	竜の頸の玉や取りておはしたる。
か	連体形	いづれの山か天に近き。
こそ	已然形	尊くこそおはしけれ。

ぴたトレ 2 練習

仁和寺にある法師――「徒然草」から

タイムトライアル 10分

解答 p.14

1 読解問題 文章を読んで、問いに答えなさい。 教科書158ページ

①つれづれなるままに、日暮らし、硯に向かひて、心にうつりゆくよしなし事を、そこはかとなく②書きつくれば、ⓐあやしうこそものぐⓑるほしけれ。

（序段）

兼好法師「仁和寺にある法師――『徒然草』から」より

(1) ==線ⓐ・ⓑの歴史的仮名遣いを現代仮名遣いに直しなさい。

ⓐ（　　　）ⓑ（　　　）

ヒント 母音の「iu」と、ハ行の音に注意しよう。

(2) ――線①「つれづれなるままに」とは、どんな意味ですか。次から一つ選び、記号で答えなさい。

ア いつもしていることを続けているうちに。
イ することがなくて退屈であるのに任せて。
ウ 連れの人の話を聞きながら。

（　　　）

ヒント 「つれづれなり」は、手持ちぶさたな状態を表す語だよ。

(3) ――線②「書きつくれば」について、答えなさい。

① 作者はどんなことを書きつけたのですか。文章中から抜き出しなさい。

（　　　）

ヒント 前の部分に着目しよう。

② 「書きつくれば」どんな心持ちがするのですか。文章中から抜き出しなさい。（句読点を含む。）

（　　　）

ヒント 係り結びを用いて、強調しているよ。

ぴたトレ 3 確認テスト

仁和寺にある法師――「徒然草」から

時間20分

／100点

合格75点

解答 p.14

1 思考・判断・表現 文章を読んで、問いに答えなさい。 教科書158ページ9行～159ページ7行

仁和寺にある法師、年寄るまで石清水を①拝まざりければ、②心うく覚えて、あるとき思ひたちて、③ただ一人、徒歩より詣でけり。極楽寺・高良などを拝みて、④かばかりと心得て帰りにけり。

さて、かたへの人にあひて、「⑤年ごろ思ひつること、果たしはべりぬ。⑥聞きしにも過ぎて、尊くこそおはしけれ。そも、⑦参りたる人ごとに⑧山へ登りしは、何事かありけん、⑨ゆかしかりしかど、神へ参るこそ本意なれと思ひて、⑩山までは見ず。」とぞ言ひける。

少しのことにも、⑪先達はあらまほしきことなり。

（第五十二段）

兼好法師「仁和寺にある法師――『徒然草』から」より

(1) ――線①「拝まざりければ」とは、どんな意味ですか。次から一つ選び、記号で答えなさい。 5点

ア 参拝しなかったので。
イ 参拝しなかったならば。
ウ 参拝したくなかったので。

(2) ――線②「心うく覚えて」とは、どんな意味ですか。次から一つ選び、記号で答えなさい。 5点

ア 心が弾むように思われて。
イ がっかりしたことを覚えていて。
ウ 残念なことに思われて。

(3) ――線③「ただ一人、徒歩より詣でけり。」の主語は何ですか。文章中から八字で抜き出しなさい。 5点

(4) よく出る ――線④「かばかり」とは、「これだけのもの」という意味ですが、「これ」とは何を指していますか。文章中から八字で抜き出しなさい。（符号を含む。） 5点

(5) ――線⑤「年ごろ思ひつること」とありますが、何をすることを長年の間思っていたのですか。文章中の言葉を用いて十字程度で説明しなさい。 10点

(6) よく出る ――線⑥「聞きしにも過ぎて、尊くこそおはしけれ。」について、答えなさい。

① 本人は何を見てそう思ったのですか。 5点
② 本人は何を見たつもりだったのですか。 5点

(7) ――線⑦「参りたる人ごとに」とは、どんな意味ですか。次から一つ選び、記号で答えなさい。 5点

ア　参拝しているどの人もみな。
イ　参拝している人だったのに。
ウ　参拝している人の中の一部の人が。

(8) ——線⑧「山」には何があるのですか。文章中から三字で抜き出しなさい。　5点

(9) ——線⑨「ゆかしかりしかど」とは「知りたかったけれど」という意味ですが、何を知りたいと思ったのですか。「山」という言葉を用いて答えなさい。　10点

(10) ——線⑩「山までは見ず。」とありますが、それはなぜですか。次から一つ選び、記号で答えなさい。　5点

ア　神のいる山まで踏み込んでしまうのは神に失礼だから。
イ　山登りではなく、参拝が本来の目的だから。
ウ　山まで参拝するのは勇気がいることだから。

考える
(11) ——線⑪「先達はあらまほしきことなり。」とありますが、作者は「仁和寺の法師」の話をどう感じて、この教訓を見いだしたのですか。二十五字以内にまとめて答えなさい。　15点

2 ——線の片仮名を漢字で書きなさい。　各5点

① スルドい質問をあびせる。　② ミョウな味がする。
③ 朝からココロサワぎがする。　④ 英語力では兄にマサる。

1											2			
(1)	(2)	(3)	(4)	(5)	(6) ①	(6) ②	(7)	(8)	(9)	(10)	(11)	①	②	③	④

ぴたトレ 1 要点チェック

漢詩の風景

石川忠久

解答 p.16

1 新しく習った漢字　読み仮名を書きなさい。

①暁（　　）②寝床（　　）③俗人（　　）④平凡（　　）
⑤雰囲気（　　）⑥締める（　　）⑦敷く（　　）⑧又（　　）
⑨沈む（　　）⑩楼閣（　　）⑪浪人（　　）⑫旧暦（　　）

2 重要語句　正しい意味を下から選び、記号で答えなさい。

①（　）暁
②（　）自適
③（　）あくせく
④（　）悠然
⑤（　）収束
⑥（　）異郷
⑦（　）手づる

ア　心のままにのびのびと暮らすこと。
イ　故郷から遠く離れた土地。
ウ　夜明け。夜が明けようとする頃。
エ　おさまりがつくこと。
オ　目的を達するために役立つ人間関係。
カ　物事に動じずゆったりしている様子。
キ　気ぜわしく物事をする様子。

スタートアップ

絶句

☑ 四句から成る漢詩。一句が五字のものを**五言絶句**、七字のものを**七言絶句**という。

「絶句」の構成

第一句	**起句**	歌い起こし。
第二句	**承句**	起句を承けて展開する。
第三句	**転句**	場面を転換する。
第四句	**結句**	転句を承けつつ全体を締めくくる。

漢詩の形式を覚えておこう。

作品の内容

「春暁」…春の眠りの心地よさに春の訪れを喜ぶ、明るくのどかな気分を歌う。

「絶句」…前半で成都の町の鮮やかな春景色を歌い、後半で故郷に帰れない悲しみを歌う。

「黄鶴楼にて孟浩然の広陵に之くを送る」…前半で揚州へと舟で下っていく友人の姿を歌い、後半でその友人の孤独な姿と別離の悲しみを歌う。

「律詩」

☑ 八句から成る漢詩。一句が五字のものを**五言律詩**、七字のものを**七言律詩**という。

ぴたトレ 2 練習

漢詩の風景

タイム トライアル 10分

解答 p.16

1 読解問題 漢詩と文章を読んで、問いに答えなさい。

教科書162ページ1行～163ページ2行

春暁(しゅんぎょう)(シュンギョウ)　孟浩然(もうこうねん)(モウ)(コウ)

春眠暁を覚えず
処処啼鳥(ていちょう)(チョウ)を聞く
夜来風雨の声
花落つること知る多少

春眠不レ覚レ暁ヲ
処処聞ニ啼鳥ヲ一
夜来風雨ノ声
花落ツルコトヲ知ル多少

春の眠りは、誰しも経験があるように、非常に気持ちのよいものです。寒くてつらい、長かった冬も過ぎ、いよいよ春になったぞという喜びを、「暁を覚えず」、つまり、夜が明けたのも気づかないぬくぬくとした眠りで表しています。外はいい天気らしく、あちらでもこちらでも鳥の声が聞こえます。そういえば、ゆうべは「風雨」の音がしていたなあ、と回想します。花はいったいどれほど散ったことやら。作者は寝床の中にいて、明るくのどかな気分に浸っているのです。

石川　忠久「漢詩の風景」より

(1) この漢詩の形式を何といいますか。漢字四字で答えなさい。

ヒント 四句から成り、一句が五字の漢詩だよ。

(2) 「春暁」は、いつ頃の季節のことが書かれた詩ですか。次から一つ選び、記号で答えなさい。

ア 冬の寒い季節。
イ 春らしくなった季節。
ウ 春が終わる頃の季節。

(　　)

ヒント 解説文の初めの一・二文をよく読もう。

(3) ――線「処処啼鳥を聞く」とありますが、これを筆者はどのように解釈していますか。文章中から抜き出しなさい。

(　　)

ヒント 「啼鳥」とは、鳥の鳴く声、という意味だよ。

(4) この詩は、作者のどんな気分を歌っているのですか。文章中から抜き出しなさい。

(　　)

ヒント 「気分」という言葉に着目しよう。

ぴたトレ 1 要点チェック

君は「最後の晩餐」を知っているか 「最後の晩餐」の新しさ

布施英利
藤原えりみ

解答 p.16

1 新しく習った漢字 読み仮名を書きなさい。

①解剖（　） ②理屈（　） ③衝撃（　） ④芝居（　）
⑤水紋（　） ⑥弟子（　） ⑦磔刑（　） ⑧容貌（　）
⑨狭い（　） ⑩究める（　） ⑪剝がす（　） ⑫色彩（　）
⑬既に（　） ⑭輪郭（　） ⑮感嘆（　）

2 重要語句 正しい意味を下から選び、記号で答えなさい。

①（　）動揺する
②（　）原理
③（　）目のあたり
④（　）駆使する
⑤（　）試行錯誤

ア 思いのままに使いこなす。
イ 目の前。
ウ 平静さを失う。
エ 事物を成り立たせる根本の法則。
オ 何度も試みて、失敗を重ねながら目的に迫っていくこと。

3 「最後の晩餐」 当てはまる言葉を書きなさい。

①描いた画家…（　）
②描かれた時期…（　）世紀末
③ある場所…（　）の北の町、ミラノの修道院。

4 絵画の科学 「最後の晩餐」に使われた科学の名を書きなさい。

①（　）…人体の科学。
②（　）…空間の科学。
③（　）…光の科学。

得点UPポイント

「最後の晩餐」をどう分析したか読み取ろう！

☑「最後の晩餐」には、さまざまな手法が使われていることを筆者は分析している。
☑筆者が、レオナルドは「絵画の科学」を究めたと述べた理由を読み取ろう。

左の文章では、レオナルドが究めた三つの科学が書かれているよ。

ぴたトレ 2

練習

君は「最後の晩餐」を知っているか

タイムトライアル 10分

解答 p.16

1 読解問題

文章を読んで、問いに答えなさい。

教科書170ページ6行〜13行

「モナ・リザ」や「最後の晩餐」など、レオナルドの絵は、①それまでの絵画とは違う、全く新しいものだった。彼は、人体の科学である「解剖学」や、空間の科学である「遠近法」、それに光の科学である「明暗法」などを研究し、新しい絵画を生み出したのだ。

「科学が生み出した新しい芸術」などというと、どこか難しいと思うかもしれない。しかし、イタリアに行って「最後の晩餐」の前に立ったら、どう思うだろうか。

私は、この絵を見たとき、なぜか②「かっこいい。」と思った。それが名画というものなのか。すばらしい絵の前に立つと、理屈ではなく、まず衝撃がやってくる。それから、じっくりと分析する。分析もまた、名画を味わう楽しみの一つである。

布施 英利「君は『最後の晩餐』を知っているか」より

(1) ――線①「それまでの絵画とは違う」について、答えなさい。

① 「それまでの絵画とは違う」のは、レオナルドが何を研究したからですか。文章中から三つ、三字で抜き出しなさい。(符号は含まない。)

ヒント これらを研究したからこそ、新しい絵画が生まれたんだね。

② 筆者は、「それまでの絵画とは違う」レオナルドの絵を、何といっていますか。文章中から十三字で抜き出しなさい。(符号は含まない。)

ヒント 筆者は研究あっての作品だということを強調しているよ。

(2) ――線②「『かっこいい。』と思った。」とありますが、そのことを別の言葉で何といっていますか。文章中から二字で抜き出しなさい。

ヒント 名画を前にしたときに受ける、激しい感動のことだよ。

ぴたトレ 3 確認テスト

君は「最後の晩餐(ばんさん)」を知っているか 「最後の晩餐」の新しさ

時間20分 ／100点 合格75点

解答 p.16

1 思考・判断・表現　文章を読んで、問いに答えなさい。

教科書175ページ4行〜17行／180ページ上11行〜181ページ下9行

「君は『最後の晩餐』を知っているか」……A

まず目に入るのは、白いテーブルクロスの掛かった食卓、そして食卓の向こうにいる十三人の男。まるで芝居の幕が開いて、舞台の上でドラマが始まったかのようだ。机の上には、パンや魚の料理が載った皿、それに飲み物の入ったコップがある。食事の光景らしいが、誰も飲食をしていない。ある男は両手を広げ、別の男は視線を中央の人物に向けている。

なぜ、誰も食事をしていないのか。それに①落ち着き払った中央の人物と、その周りで動揺している男たちは誰なのか。まずは、そんなふうに絵を「読む」ことから分析を始めるのもよい。

人物は、三人ずつのグループと中央の人物というふうに分けて見ることもできる。中央の人物が何か言っている。その言葉が、人々の動揺を誘い、ざわめきが広がる。静かな水面に小石を投げると丸い水紋が広がるように、隣の人物へ、さらに隣の人物へと、動揺が伝わる。何かが、起こっている。この絵の人物の構図から、そんなことが感じられる。

中央にいるのがキリストである。彼は、弟子の一人に裏切られ、やがて磔(はりつけ)になる。ここに描かれている場面は、裏切りがある、という予言を耳にした弟子たちが驚き、ざわめいているところだ。明日、キリストは磔刑(たっけい)になる。だから、これが「最後の晩餐」なのだ。

(1) 文章の種類として「評論」と「解説」がありますが、次の説明は、それぞれどちらの文章について説明していますか。　完答10点

① 物事の要点や意味などをわかりやすく説明している文章。

② 物事の価値などを評価し、自分の見方を論じる文章。

よく出る (2) 次の文は、AとBのうち、それぞれどちらの文章の特徴について述べたものですか。記号で答えなさい。　各5点

① 過去の作品と比較して、レオナルドの「最後の晩餐」の特徴を分析している。

② 筆者自身の視点で作品を捉えて、「最後の晩餐」を評価している。

③ 事実を客観的に述べている。

④ 作品を主観的に捉えている。

(3) 比喩を用いているのは、どちらの文章ですか。記号で答えなさい。　10点

よく出る (4) ――線①「落ち着き払った中央の人物」のことをBの文章では何と表現していますか。十字で抜き出しなさい。　10点

(5) ――線②「キリストの左右に……配置された使徒たち」とありますが、このように人物の配置について述べている一文をAの文章から抜き出し、初めの六字を書きなさい。(句読点を含む。)　10点

考える (6) AとBの文章について、文章の種類や表現の特徴を観点に、その相違点を「主観的」「客観的」という言葉を用いて説明しなさい。　20点

「最後の晩餐」の新しさ……B（作品①〜④は省略）

過去の作品（①②）を見て、まず気づくのは、十三人が食卓を囲む構図の難しさである。人物を重ねたり背を向かせたりと、画家たちは何世紀もの間、試行錯誤を繰り返してきた。やがて、裏切り者のユダのみを食卓の手前に配置する構図が考案され、カスターニョの作品（③）に見られるように、空間には奥行きが生まれ、人物の感情表現も豊かになった。

だが、この作品と比べてもレオナルドの構図（④）は画期的だ。奥行きは格段に増し、②キリストの左右に三人ずつに分けて配置された使徒たちは、裏切り者を詮索（せんさく）したり、キリストを問い詰めたりと、画面にドラマチックな動きを与えている。動きの少ないカスターニョの作品とは対照的だ。激情を表す腕の動きやまなざしには、構図上独立し、静けさを保つキリストに視線を誘導する効果もある。

もう一つ画期的だったのは、人物の頭部に光輪を描かなかったことだ。聖書の中の出来事を、臨場感あふれる現実の情景として描こうとしたのだろう。

A 布施 英利「君は『最後の晩餐』を知っているか」より
B 藤原えりみ「『最後の晩餐』の新しさ」より

2

――線の片仮名を漢字で書きなさい。　各5点

① 事件にショウゲキを受ける。
② 美しいヨウボウの女性。
③ 私の部屋はセマい。
④ スデに問題は解決した。

1						2			
(1)	(2)	(3)	(4)	(5)	(6)	①	②	③	④
① ②	① ② ③ ④								

ぴたトレ 1 要点チェック

文法への扉2 走る。走らない。走ろうよ。（漢字に親しもう5）

解答 p.17

1 新しく習った漢字 読み仮名を書きなさい。

①洞窟（　　） ②さんご礁（　　） ③真珠（　　） ④冥王星（　　）
⑤窒素（　　） ⑥岬（　　） ⑦丘陵（　　） ⑧鶴（　　）
⑨鬼（　　） ⑩柳（　　） ⑪湿潤（　　） ⑫分泌（　　）
⑬汎用（　　） ⑭肥沃（　　） ⑮乳飲み子（ご）（　　） ⑯大（おお）字（　　）
⑰故に（　　） ⑱面影（　　）

2 重要語句 正しい意味を下から選び、記号で答えなさい。

①（　　）湿潤
②（　　）分泌
③（　　）汎用

ア 生物が、体の内や外に液体を出すこと。
イ 湿気を帯びていること。
ウ 広くいろいろな方面に用いること。

スタートアップ

活用

☑単語の形が規則的に変化すること。活用形には、未然形・連用形・終止形・連体形・仮定形・命令形がある。

用言の活用

変化しない部分を語幹、変化する部分を活用語尾というよ。

種類	基本形	語幹	未然形	連用形	終止形	連体形	仮定形	命令形
五段	動く	うご	―か ―こ	―き ―い	―く	―く	―け	―け
上一段	起きる	お	―き	―き	―きる	―きる	―きれ	―きろ
下一段	建てる	た	―て	―て	―てる	―てる	―てれ	―てろ
カ変	来る	○	こ	き	くる	くる	くれ	こい
サ変	する	○	させし	し	する	する	すれ	しろ

形容詞・形容動詞の活用

種類	基本形	語幹	未然形	連用形	終止形	連体形	仮定形	命令形
形容詞	高い	たか	―かろ	―かっ ―く	―い	―い	―けれ	○
形容動詞	元気だ	げんき	―だろ	―だっ ―で ―に	―だ	―な	―なら	○
	確かです	たしか	―でしょ	―でし	―です	（―です）	○	○

ぴたトレ **2** 練習

文法への扉2 走る。走らない。走ろうよ。

解答 p.17

1 用言の活用について、答えなさい。

(1) ――線の動詞の活用の種類を後から選んで、記号で答えなさい。

① 小学校の卒業式のことは忘れない。
② 彼も私たちの仲間に入った。
③ あちらから兄が来た。
④ 答えが合っているか確認する。
⑤ 傘を必ず持つように。
⑥ これはテレビで見たものだ。
⑦ 早く準備をしなさい。

ア 五段活用　**イ** 上一段活用　**ウ** 下一段活用
エ カ行変格活用　**オ** サ行変格活用

(2) ――線の動詞の、A活用の種類と、B活用形を答えなさい。

① 母に似た妹。
② 友達を紹介しよう。
③ 勉強が進んだ。
④ 文章を書く。
⑤ 早く来い。

(3) ――線の形容詞の活用形を答えなさい。

① 兄の話は少しもおもしろくない。
② よく勉強しているので理解が深い。
③ 寒い日は、道路が滑りやすい。
④ 暑ければ、上着を脱ぎなさい。

(4) ――線の形容動詞の活用形を答えなさい。

① 机の上に、大好きな家族の写真を飾る。
② 駅前の商店街は、とてもにぎやかだ。
③ 夜の海は、怖いくらい静かだった。
④ 退屈なら、手伝って。

1

(1)		(2)					(3)		(4)	
①	⑥	①	②	③	④	⑤	①	③	①	③
		A	A	A	A	A				
②	⑦									
③										
		B	B	B	B	B	②	④	②	④
④										
⑤										

ぴたトレ 3
確認テスト

文法への扉2 走る。走らない。走ろうよ。

時間20分
／100点
合格75点

解答 p.17

1 用言の活用について、答えなさい。

(1) 次の活用表を完成させなさい。　各3点

基本形	語幹	未然形	連用形	終止形	連体形	仮定形	命令形
話す	はな	―さ ―そ	①	―す	―す	②	―せ
飽きる	あ	③	―き	―きる	―きる	―きれ	④
止める	と	―め	⑤	―める	―める	⑥	―めろ
寒い	さむ	⑦	―かっ ―く	―い	―い	―けれ	○
確かだ	たしか	―だろ	―だっ ―で ―に	―だ	―な	⑧	○

(2) ――線の動詞の活用の種類を後から選び、記号で答えなさい。　各3点

① 歯が痛んだので、歯科で診療を受けた。
② この品物は乱暴に扱わないこと。
③ 明日の朝、早く起きて勉強しよう。
④ さっさと自分の仕事をしろ。
⑤ こんなに早くから来る客はめったにいない。

ア 五段活用　**イ** 上一段活用　**ウ** 下一段活用
エ カ行変格活用　**オ** サ行変格活用

(3) ――線の動詞の、A活用の種類と、B活用形を、それぞれ後から選び、記号で答えなさい。　各2点

① 自分の人生を思い切り生きろ。
② 君の言うことは、全然理解できない。
③ 彼が来たら、教えてください。
④ ご飯を食べれば、元気が出るよ。
⑤ 眠いので、少し寝よう。
⑥ 答案を提出する前に、もう一度確認する。

ア 五段活用　**イ** 上一段活用　**ウ** 下一段活用
エ カ行変格活用　**オ** サ行変格活用

ア 未然形　**イ** 連用形　**ウ** 終止形　**エ** 連体形
オ 仮定形　**カ** 命令形

(4) 次の（　）の動詞を適切な形に書き直しなさい。　各2点

① 学校で作文を（書く）た。
② 勉強が（済む）だので、お風呂に入ろう。
③ 友達を（誘う）て、図書館に行く。
④ 廊下で（転ぶ）でしまった。

(5) ――線の動詞を可能動詞に直しなさい。　各3点

① 時間があれば、父の仕事を手伝う。
② 明日の夕方までには、祖父の家に着く。
③ 僕はパソコンを自由自在に使う。

(6) ――線の形容詞と形容動詞の活用形を後から選び、記号で答えなさい。 各2点

① おかしければ、笑えばいいさ。
② あまりに高いので、買えなかった。
③ 彼の描く絵は、いつも美しい。
④ あの店なら、きっと安かろう。
⑤ 日が沈むと、辺りはあっという間に暗くなった。
⑥ 緩やかな坂道を、ゆっくりと歩く。
⑦ 彼女に言いたいことは明らかでしょう。
⑧ 彼の言葉遣いは乱暴だ。
⑨ 彼の話が確かならば、ゆゆしき問題だ。
⑩ 今日は一日中、暖かだった。

ア 未然形　**イ** 連用形　**ウ** 終止形　**エ** 連体形
オ 仮定形

1													
(6)		(5)		(4)		(3)			(2)	(1)			
⑥	①	③	①	③	①	⑤	③	①	①	⑦	⑤	③	①
						A	A	A					
⑦	②								②				
						B	B	B					
⑧	③								③				
			②	④	②	⑥	④	②		⑧	⑥	④	②
						A	A	A					
⑨	④								④				
						B	B	B					
⑩	⑤								⑤				

ぴたトレ1 要点チェック

研究の現場にようこそ

解答 p.18

1 新しく習った漢字　読み仮名を書きなさい。

① 絶滅（　　）　② 哺乳類（　　）　③ 豪華（　　）　④ 伴う（　　）
⑤ 弦（　　）　⑥ 苦闘（　　）

2 重要語句　正しい意味を下から選び、記号で答えなさい。

①（　）水先案内人　**ア** 手腕。技量。
②（　）闊歩する　**イ** 努力して上達を図る。
③（　）スキル　**ウ** 先導して行く先を示す人。
④（　）磨く　**エ** いばって思うままに行動する。
⑤（　）悪戦苦闘　**オ** 困難な状況の中で、苦しみながら努力すること。

3 研究内容　何の研究者か、当てはまる言葉を書きなさい。

① 冨田幸光…（　　）で見る生命進化。
② 大﨑茂芳…（　　）の糸。

4 本の内容　当てはまる言葉を書きなさい。

①「研究の現場にようこそ」
…筆者が研究者の（　　）を訪ね、（　　）した内容を書いたもの。ここでは、第1回「日本に（　　）のゾウやサイがいた頃」の冒頭部分が載っている。

②「クモの糸でバイオリン」
…（　　）の研究者である筆者が、研究対象でバイオリンの（　　）を作るという挑戦を書いたもの。

得点UPポイント

筆者がどう研究を進めたかを読み取る！

☑「クモの糸でバイオリン」は、バイオリンの弦に、初めてクモの糸をセットしたところから始まる。
☑ 単に音が出ただけでは満足していない筆者は、何を目指していたのかを読み取ろう。

左の文章では、筆者が追究し続ける姿が書かれているよ。

ぴたトレ 2 練習

研究の現場にようこそ

タイムトライアル 10分

解答 p.18

1 読解問題 文章を読んで、問いに答えなさい。

教科書190ページ上7行～下3行

すると、①なんと音が出たのだ。つい喜びのあまり、「音が出た！」と大きな声が出てしまった。私の喜びを感じてか、今まで無関心のように思えた妻まで別の部屋から飛び出してきた。

どんなものでも、物理的には音は出るものである。しかし、正規の音程レベルにははるかに及ばないとはいえ、とにかくクモの糸でバイオリンの音が出たのは②感動であった。

とはいえその後、クモの糸のひもから③弦のレベルにするには失敗の連続であった。クモとのコミュニケーションスキルを磨き、クモのご機嫌を取りながら、長い糸を取り出せるように努力し、丈夫な弦を作らなくては。それでも、すぐに切れてしまうなど、悪戦苦闘の日々は続いたのであった。

大崎　茂芳「クモの糸でバイオリン」より

(1) ――線①「なんと音が出たのだ。」について、答えなさい。

① 何の音が出ましたか。

（　　　　）

ヒント 次の段落の「音」という言葉に着目しよう。

② 何を使って音を出しましたか。文章中から七字で抜き出しなさい。

ヒント 研究対象をどんな状態にしたものを使ったのかな。

(2) ――線②「感動であった。」とありますが、筆者の感動を表す行動が書かれている一文を文章中から探し、初めの四字を抜き出しなさい。

ヒント その行動で、妻も部屋から飛び出してきたんだね。

(3) ――線③「弦のレベルにする」とありますが、筆者はどんな楽器の、どんなレベルを目指しているのですか。

（　　　　）

ヒント 「レベル」という言葉に着目しよう。

ぴたトレ 1 要点チェック

走れメロス

太宰治（だざいおさむ）

解答 p.18

1 新しく習った漢字　読み仮名を書きなさい。

①邪知暴虐（　）②花嫁（　）③賢臣（　）④警吏（　）
⑤眉間（　）⑥報いる（　）⑦命乞い（　）⑧一睡（　）
⑨祭壇（　）⑩生涯（　）⑪酔う（　）⑫湧く（　）
⑬氾濫（　）⑭狂う（　）⑮仰ぐ（　）⑯萎える（　）
⑰芋虫（　）⑱真紅（　）⑲欺く（　）⑳醜い（　）
㉑四肢（　）㉒風体（　）㉓恨む（　）㉔抱擁（　）

2 重要語句　正しい意味を下から選び、記号で答えなさい。

①（　）はばかる　ア 遠慮する。
②（　）たたえる　イ 感情を顔に表す。

3 主な登場人物　物語に出てくる人物名を書きなさい。

①（　）…主人公。村の牧人。妹がいる。
②（　）…王様。暴君。
③（　）…主人公の親友で石工をしている。

4 場面の展開　正しい順番に記号を書きなさい。

ア シラクスの町の刑場　イ 故郷の村
ウ シラクスの町の王城　エ シラクスの町
オ 町へ戻る途中

（　→　→　→　→　）

得点UPポイント

場面の展開に沿って、人物像を読み取る！

☑ 人物・情景の描写や会話から、人物の性格や、物の見方・考え方を読み取る。
☑ メロスと王の心情・考え方の変化を読み取ろう。

左の文章では、メロスとの会話や心の声から、王の考え方がわかるよ。

ぴたトレ **2** 練習

走れメロス

タイムトライアル 10分

解答 p.18

1 読解問題　文章を読んで、問いに答えなさい。

教科書199ページ16行～200ページ6行

　それを聞いて王は、①残虐な気持ちで、そっとほくそ笑んだ。生意気なことを言うわい。どうせ帰ってこないに決まっている。このうそつきにだまされたふりして、放してやるのも②おもしろい。そうして身代わりの男を、三日目に殺してやるのも気味がいい。人は、これだから信じられぬと、わしは悲しい顔して、その身代わりの男を磔刑(たっけい)に処してやるのだ。世の中の、正直者とかいうやつばらにうんと見せつけてやりたいものさ。

「願いを聞いた。その身代わりを呼ぶがよい。三日目には日没までに帰ってこい。遅れたら、その身代わりを、きっと殺すぞ。ちょっと遅れて来るがいい。おまえの罪は、永遠に許してやろうぞ。」

「なに、何をおっしゃる。」

「はは。命が大事だったら、遅れて来い。③おまえの心は、わかっているぞ。」

　メロスは悔しく、じだんだ踏んだ。ものも言いたくなった。

太宰治「走れメロス」より

(1) ――線①「残虐な気持ち」とありますが、その内容が書かれているのはどこですか。文章中から探し、初めと終わりの五字を抜き出しなさい。(句読点を含む)

□□□□□～□□□□□

ヒント 王の心の声が書かれている部分を探すよ。

(2) ――線②「おもしろい。」とありますが、このとき王はどんなことを考えていましたか。次から一つ選び、記号で答えなさい。

ア 人の心はあてにならないことを証明できるぞ。
イ うそと知ってだまされるわしも、お人よしじゃわい。
ウ 人の心を信じることができるかもしれぬ。

（　　）

ヒント 王のたくらみを読み取ろう。

(3) ――線③「おまえの心は、わかっているぞ。」とありますが、王はメロスが心の中ではどう思っていると考えていますか。次から一つ選び、記号で答えなさい。

ア 三日目の日没までには何としても帰ってこよう。
イ 遅れて帰って、身代わりに死んでもらおう。
ウ 王は三日目の日没より前に身代わりを殺すだろう。

（　　）

ヒント メロスは王の言葉を聞いて、悔しがっているよ。

ぴたトレ 3

確認テスト①

走れメロス

時間20分

／100点

合格75点

解答 p.18

1 思考・判断・表現　文章を読んで、問いに答えなさい。

教科書207ページ15行～209ページ3行

道行く人を押しのけ、跳ね飛ばし、メロスは黒い風のように走った。野原で酒宴の、その宴席の真っただ中を駆け抜け、酒宴の人たちを仰天させ、犬を蹴飛ばし、小川を飛び越え、少しずつ沈んでゆく太陽の、十倍も速く走った。一団の旅人とさっと擦れ違った瞬間、①不吉な会話を小耳に挟んだ。「今頃は、②あの男も、はりつけにかかっているよ。」ああ、その男、その男のために私は、今こんなに走っているのだ。その男を死なせてはならない。急げ、メロス。遅れてはならぬ。愛と誠の力を、今こそ知らせてやるがよい。風体なんかはどうでもいい。メロスは、③今は、ほとんど全裸体であった。呼吸もできず、二度、三度、口から血が噴き出た。見える。はるか向こうに小さく、シラクスの町の塔楼が見える。塔楼は、夕日を受けてきらきら光っている

「ああ、メロス様。」うめくような声が、風とともに聞

(1) ――線①「不吉な会話を小耳に挟んだ。」とありますが、このときのメロスの思いが書かれた部分を文章中から探し、初めと終わりの四字を抜き出しなさい。（句読点を含む。） 10点

(2) ――線②「あの男」とは、誰ですか。名前を答えなさい。 10点

(3) ――線③「今は、ほとんど全裸体であった。」とありますが、この他にもメロスが命懸けで走っている様子がわかる一文を文章中から探し、初めの六字を抜き出しなさい。 10点

よく出る

(4) ――線④「赤く大きい夕日ばかりを見つめていた。」とありますが、このときのメロスはどんな気持ちでしたか。次から一つ選び、記号で答えなさい。 10点

ア 今は走り続けるしかないという強い気持ち。

イ 走ることは無駄になるかもしれないという不安な気持ち。

ウ 恨み言を並べるフィロストラトスにいらだつ気持ち。

(5) ――線⑤「刑場に引き出されても、平気でいました。」とありますが、なぜ平気だったのですか。 10点

(6) ――線⑥「王様がさんざんあの方をからかって」とありますが、王様はどんなことを言ったと考えられますか。次から一つ選び、記号で答えなさい。 10点

ア メロスがどんな姿で帰ってくるか楽しみだ。

イ メロスはお前が思うより早く帰ってくるかもしれないな。

ウ メロスが帰ってくると信じているなんて、お前はどうかしている。

考える

(7) ――線⑦「もっと恐ろしく大きいもの」とありますが、それは何ですか。二十五字程度で答えなさい。 20点

こえた。

「誰だ。」メロスは走りながら尋ねた。

「フィロストラトスでございます。あなたのお友達セリヌンティウス様の弟子でございます。」その若い石工も、メロスの後について走りながら叫んだ。「もう、だめでございます。むだでございます。走るのはやめてください。もう、あの方をお助けになることはできません。」

「いや、まだ日は沈まぬ。」

「ちょうど今、あの方が死刑になるところです。ああ、あなたは遅かった。お恨み申します。ほんの少し、もうちょっとでも、早かったなら！」

「いや、まだ日は沈まぬ。」メロスは胸の張り裂ける思いで、④赤く大きい夕日ばかりを見つめていた。走るより他はない。

「やめてください。走るのはやめてください。今はご自分のお命が大事です。あの方は、あなたを信じておりました。⑤刑場に引き出されても、平気でいました。⑥王様がさんざんあの方をからかっても、メロスは来ますとだけ答え、強い信念をもち続けている様子でございました。」

「それだから、走るのだ。信じられているから走るのだ。間に合う、間に合わぬは問題でないのだ。人の命も問題でないのだ。私は、なんだか、⑦もっと恐ろしく大きいもののために走っているのだ。ついてこい！　フィロストラトス。」

「ああ、あなたは気が狂ったか。それでは、うんと走るがいい。ひょっとしたら、間に合わぬものでもない。走るがいい。」

太宰治「走れメロス」より

2　――線の片仮名を漢字で書きなさい。　各5点

① ハナムコを紹介する。
② 父のショウダクを得る。
③ コブシで汗をぬぐう。
④ 相手のスキを狙う。

1 (1)	1 (2)	1 (3)	1 (4)	1 (5)	1 (6)	1 (7)	2 ①	2 ②	2 ③	2 ④
〜										

ぴたトレ 3

確認テスト②

走れメロス

時間20分

／100点

合格75点

解答 p.19

1 思考・判断・表現　文章を読んで、問いに答えなさい。

教科書209ページ4行〜211ページ14行

　言うにや及ぶ。まだ日は沈まぬ。最後の死力を尽くして、メロスは走った。メロスの頭は空っぽだ。何一つ考えていない。ただ、訳のわからぬ大きな力に引きずられて走った。日はゆらゆら地平線に没し、まさに最後の一片の残光も消えようとしたとき、メロスは疾風のごとく刑場に突入した。①間に合った。

「待て。その人を殺してはならぬ。メロスが帰ってきた。約束のとおり、今、帰ってきた。」と、大声で刑場の群衆に向かって叫んだつもりであったが、喉が潰れてしゃがれた声がかすかに出たばかり、群衆は、一人として彼の到着に気がつかない。既に、はりつけの柱が高々と立てられ、縄を打たれたセリヌンティウスは徐々につり上げられてゆく。メロスはそれを目撃して最後の勇、先刻、濁流を泳いだように群衆をかき分けかき分け、

「私だ、刑吏！　殺されるのは、私だ。メロスだ。彼を人質にした私は、ここにいる！」と、かすれた声で精いっぱいに叫びながら、ついにはりつけ台に上り、つり上げられてゆく友の両足にかじりついた。群衆はどよめいた。あっぱれ。許せ、と口々にわめいた。セリヌンティウスの縄は、ほどかれたのである。

「セリヌンティウス。」メロスは目に涙を浮かべて言った。「②私を殴れ。力いっぱいに頰を殴れ。私は、途中で一度、悪い夢を見た。君がもし私を殴ってくれなかったら、私は君と抱擁する資格さえない

(1) ――線①「間に合った。」とありますが、何に間に合ったのですか。五字以内で答えなさい。　10点

よく出る

(2) ――線②「私を殴れ。」、③「私を殴れ。」と二人とも同じ言葉を言っていますが、どんな気持ちから言っているのですか。「裏切る」という言葉を用いて答えなさい。　15点

(3) ――線④「ありがとう、友よ。」とありますが、このときの二人はどんな気持ちでしたか。次から一つ選び、記号で答えなさい。　10点

ア　自分を友として認めてくれたことを感謝する気持ち。
イ　自分の命が助かったことを感謝する気持ち。
ウ　王に自分たちの友情を証明できたことを喜ぶ気持ち。

(4) ――線⑤「わしの心」とありますが、どんな心ですか。文章中の言葉を用いて答えなさい。　10点

(5) ――線⑥「わしの願い」とありますが、この内容に当たる部分を、文章中から十四字で抜き出しなさい。(句読点は含まない。)　10点

(6) ――線⑦「仲間」とは、どんな仲間ですか。次から一つ選び、記号で答えなさい。　10点

ア　お互いの前で泣くことができる仲間。
イ　お互いを抱擁できる仲間。
ウ　お互いを信頼し合える仲間。

考える

(7) ――線⑧「歓声が起こった。」とありますが、それはなぜですか。その理由を考えて答えなさい。　15点

のだ。殴れ。」

セリヌンティウスは、全てを察した様子でうなずき、刑場いっぱいに鳴り響くほど音高くメロスの右頰を殴った。殴ってから優しくほほ笑み、

「メロス、③私を殴れ。同じくらい音高く私の頰を殴れ。私はこの三日の間、たった一度だけ、ちらと君を疑った。生まれて初めて君を疑った。君が私を殴ってくれなければ、私は君と抱擁できない。」

メロスは腕にうなりをつけてセリヌンティウスの頰を殴った。

「④ありがとう、友よ。」二人同時に言い、ひしと抱き合い、それからうれし泣きにおいおい声を放って泣いた。

群衆の中からも、歔欷（きょき）の声が聞こえた。暴君ディオニスは、群衆の背後から二人のさまをまじまじと見つめていたが、やがて静かに二人に近づき、顔を赤らめて、こう言った。

「おまえらの望みはかなったぞ。おまえらは、⑤わしの心に勝ったのだ。信実とは、決して空虚な妄想ではなかった。どうか、わしも仲間に入れてくれまいか。どうか、⑥わしの願いを聞き入れて、おまえらの⑦仲間の一人にしてほしい。」

どっと群衆の間に、⑧歓声が起こった。

「万歳、王様万歳。」

太宰 治「走れメロス」より

2 ——線の片仮名を漢字で書きなさい。 各5点

① サンゾクに襲われる。
② ロボウに咲く小さな花。
③ ヒレツなやり方を憎む。
④ ボールをケる。

1							2	
(1)	(2)	(3)	(4)	(5)	(6)	(7)	①	③
							②	④

ぴたトレ1 要点チェック

文法への扉3 一字違いで大違い（漢字に親しもう6）

解答 p.20

1 新しく習った漢字 読み仮名を書きなさい。

①免疫（　） ②補聴器（　） ③痩せる（　） ④循環（　）
⑤治癒（　） ⑥尿（　） ⑦皮膚（　） ⑧尚早（　）
⑨撤回（　） ⑩果敢（　） ⑪深謀（　） ⑫不朽（　）
⑬奨励（　） ⑭症例（　） ⑮河川（　） ⑯機織り（　）
⑰旅客機（　） ⑱小児科（　）

2 重要語句 正しい意味を下から選び、記号で答えなさい。

①（　）免疫　　ア 深い見通しをもった考えや計略。
②（　）深謀　　イ 滅びることなく、長く後世に残ること。
③（　）不朽　　ウ 病原体に対する抵抗力をもつこと。

スタートアップ

助動詞…用言・体言・助動詞などに付く。

助動詞	意味	例
れる・られる	受け身・可能・尊敬・自発	父に怒られる。早く起きられる。先生が話される。期待がもたれる。
せる・させる	使役	本を読ませる。家を探させる。
たい・たがる	希望	早く寝たい。外で遊びたがる。
ない・ぬ	否定(打ち消し)	花が咲かない。それは言えぬ。
う・よう	推量・意志・勧誘	明日は雨だろう。彼に投票しよう。一緒に遊ぼう。
た	過去・完了・存続・想起	昔は森だった。宿題が終わった。壁に飾った絵。君の夢だったね。
ます	丁寧	私が説明します。
らしい	推定	今日、来るらしい。
ようだ・ようです	推定・比喩	まだ眠いようだ。まるで雪のようだ。
そうだ・そうです	推定・様態	姉は泣きそうだ。頭がよさそうだ。
	伝聞	大学に合格したそうだ。
まい	否定の意志・否定の推量	二度と行くまい。彼は話すまい。
だ・です	断定	彼は画家だ。あれが有名な絵です。

助詞…自立語の後に付く。

助詞	働き
格助詞	主に体言に付き、体言とその下の語の関係を示す。
副助詞	いろいろな語に付き、意味を付け加える。
接続助詞	主に活用する語に付き、いろいろな関係で前後をつなぐ。
終助詞	文や文節の終わりに付き、気持ちや態度を表す。

文法への扉３　一字違いで大違い

1 助動詞について、答えなさい。

(1) 次の文から助動詞を抜き出しなさい。

① 友人を誘って、図書館に行くつもりだ。
② 今日は暖かくて、まるで春のようだ。
③ 妹に携帯の電話番号を覚えさせる。
④ 明日はもっと、早起きをしよう。

(2) ――線の助動詞「れる・られる」の意味を後から選び、記号で答えなさい。

① 先生が教室に来られた。
② 友人から聞かれる。
③ 昔のことがしのばれる。
④ ここは電話がかけられる。

ア 可能　**イ** 尊敬　**ウ** 受け身　**エ** 自発

(3) ――線の助動詞の意味を後から選び、記号で答えなさい。

① 走っても時間までに到着できない。
② 庭に梅の花が咲いた。
③ どうしても、明日の試合に出たい。
④ 天気予報によれば、今日は寒いそうだ。
⑤ 妹は、きっと許してくれまい。
⑥ 明日の日程を発表します。

ア 丁寧　**イ** 希望　**ウ** 否定　**エ** 伝聞
オ 存続　**カ** 否定の推量

2 助詞について、答えなさい。

解答 p.20

(1) 次の文から助詞を全て抜き出しなさい。

① 言葉の意味を辞書で調べる。
② 妹は友達と公園に行った。

(2) 例文の――線の助詞と同じ意味・用法のものをそれぞれ後から選び、記号で答えなさい。

① 私の兄は、野球部です。
ア そのバックは私のです。　**イ** 母の作った料理はおいしい。
ウ リモコンの電池が切れた。

② お茶でも飲みませんか。
ア その話は幼児でも知っている。　**イ** 映画でも見に行こう。
ウ 高く跳んでも届かない。

1 (1)		1 (2)	1 (3)		2 (1)	2 (2)
①	③	①	①	⑥	①	①
②	④	②	②		②	②
		③	③			
		④	④			
			⑤			

ぴたトレ 3 確認テスト

文法への扉3　一字違いで大違い

時間20分　／100点　合格75点　解答 p.20

1 助動詞について、答えなさい。

(1) 次の文から、助動詞を抜き出しなさい。　各2点

① 春休みには、家族で旅行に行きたい。
② 写真を見ると、昔のことが思い出される。
③ 明日は、山に雪が降るらしい。

(2) ――線の助動詞「た」の意味を後から選び、記号で答えなさい。　各2点

① 君はサッカーが得意だったね。
② やっと父の作品が完成した。
③ 床の間にいけた花を、うっとりと眺める。
④ 昨日の夜は、とても寒かった。

ア 過去　**イ** 完了　**ウ** 存続　**エ** 想起

(3) 例文の――線の助動詞と同じ意味、用法のものをそれぞれ後から選び、記号で答えなさい。　各3点

① 作文のできばえをほめられる。
ア どんな難しい問題でも答えられる。
イ 突然男の人から、声をかけられる。
ウ 子供の頃が、思い出される。

② 隣の町に新しい中学校ができるそうだ。
ア そろそろ雪に変わりそうだ。
イ 彼女の荷物は、かなり重そうだ。
ウ 中村さんが留学するそうだ。

③ 弟は、まだ寝ぼけているようだ。
ア 彼の走りは陸上選手のようだ。
イ 妹の赤い頰はりんごのようだ。
ウ 兄はテスト勉強で疲れているようだ。

2 助詞について、答えなさい。

(1) ――線の助詞の種類を後から選び、記号で答えなさい。　各2点

① 青空に、白い雲がぽっかり浮かんでいる。
② 何、どうしろって言うのさ。
③ 夜ふかしして、朝寝坊した。
④ そのことは家族しか知らない。

ア 格助詞　**イ** 副助詞　**ウ** 接続助詞　**エ** 終助詞

(2) ――線の格助詞の意味を後から選び、記号で答えなさい。　各3点

① 今日は仕事が休みなので、ゆっくり料理を楽しもう。
② ペットボトルで、ロケットを作る。
③ 山から野鳥の声が聞こえてきた。
④ 姉は私より背が高い。
⑤ あれやこれやで、たいへんにぎやかだった。
⑥ ここから北へ向かって、十分ほどで駅に着く。
⑦ 友達に、将来の夢を話す。
⑧ 「僕は反対です。」と意見を言った。

ア 並立　**イ** 方向　**ウ** 起点　**エ** 対象 **オ** 材料　**カ** 比較の基準　**キ** 相手　**ク** 引用

(3) ――線の副助詞の意味を後から選び、記号で答えなさい。 各3点

① 僕の話を、妹さえ信じなかった。
② 彼が出発して、二時間ほどたった。
③ 今年こそ、ライバルチームに勝ってみせる。
④ クラス全員に、プリントを一枚ずつ配った。
⑤ 退屈だったので、雑誌などを読んで時間をつぶした。
⑥ 空腹だったが、水だけ飲んだ。

ア 強調	**イ** 極端な例	**ウ** 限定	**エ** 大体の程度
オ 例示	**カ** 割り当て		

(4) ――線の接続助詞の意味を後から選び、記号で答えなさい。 各3点

① 君が謝れば、許してやる。
② ご飯を食べながら、ニュースを見た。
③ 雨が降ってきたから、今日はもう帰ろう。
④ 走ったけれど、バスは行ってしまった。

ア 理由	**イ** 条件	**ウ** 逆接	**エ** 同時

(5) ――線の終助詞の意味を後から選び、記号で答えなさい。 各3点

① 彼が立候補するって、本当らしいぞ。
② 彼女はもうメールを読んだだろうか。
③ 母なら、夕飯の買い物に行ったよ。
④ 僕の自転車に、勝手に乗るな。
⑤ 本当に高いビルだなあ。

ア 疑問	**イ** 禁止	**ウ** 感動	**エ** 強調
オ 告知			

1 (1)	1 (1)	1 (2)	1 (3)	2 (1)	2 (2)	2 (2)	2 (3)	2 (3)	2 (4)	2 (5)
①	③	①	①	①	①	⑥	①	⑥	①	①
②		②	②	②	②	⑦	②		②	②
		③	③	③	③	⑧	③		③	③
		④		④	④		④		④	④
					⑤		⑤			⑤

ぴたトレ 1 要点チェック

言葉3　話し言葉と書き言葉

解答 p.21

1 新しく習った漢字　読み仮名を書きなさい。

①曖昧（　　）　②校閲（　　）

2 重要語句　正しい意味を下から選び、記号で答えなさい。

①（　　）曖昧　ア　原稿・書類などを調べ、検討すること。

②（　　）校閲　イ　物事がはっきりしない様子。あやふや。

話し言葉も書き言葉も、日常的に使っているよね。

でも、その特徴をきちんと理解しているかな？聞く相手、読む相手に誤解が生じないように、それぞれの特徴や注意点を押さえておこう。

スタートアップ

話し言葉

☑ 音声によって伝えられる言葉。目の前にいる相手に使われることが多い。

〈特徴と注意点〉

- **指示する語句**（**こそあど言葉**）で示せる。
- 内容を**省略**できる。
- **音声を調整し**ながら伝えられる。
- **念を押したり同意を求めたりする言葉**が多用される。
- **重要な内容は繰り返して**、相手に確認を求める。
- 同じ発音の言葉は、**読み方を変えて**区別する。

例「市立」（イチリツ）・「私立」（ワタクシリツ）

書き言葉

☑ 文字によって伝えられる言葉。誰が読んでも情報が伝わるように書く必要がある。

〈特徴と注意点〉

- **目の前にいない相手**にも情報を伝えられる。
- **何度も読み返す**ことができる。
- **必要な情報を整理して、具体的に書く**。
- 基本的に、共通語で書く。
- **表記や文末を整え**、誤解を与えない明快な文章にする。

タイムトライアル 10分

解答 p.21

1 **話し言葉と書き言葉について、答えなさい。**

(1) 話し言葉で伝える場合、どのような工夫が必要ですか。次から正しいものを二つ選び、記号で答えなさい。

ア 相手に必ず伝えなければならない重要な情報は、繰り返し伝えて、相手に確認を求める。

イ 状況や相手に応じて言葉づかいを変えることはせずに、目上の人にも「…だね。」「…よね。」などと言う。

ウ 同じものを見聞きしていても、全ての情報を細かく伝えて省略はしない。

エ 発音が同じ言葉は相手に誤解を与えないように読み方を変えるなどして区別する。

(2) 書き言葉の長所を述べたものを次から二つ選び、記号で答えなさい。

ア 重要な内容は、相手に正しく伝わっているのか確認をとりながら、何度も繰り返し伝えることができる。

イ 音声を調整しながら説明ができるので、重要な部分は強調したり、不要な部分は省略したりできる。

ウ 重要な内容は、正しく理解できるまで何度も読み返し確認することができる。

エ 文字として残るので、その場にいない相手にも情報を伝えることができる。

(3) 次の文は、**ア**話し言葉、**イ**書き言葉、のどちらの特徴や注意点を述べたものですか。記号で答えなさい。

① 相手が目の前にいるので、説明を省ける。

② 言葉が残らないので、重要なことは繰り返す。

③ 伝える相手が決まっていないことが多い。

④ 共通語を使い、文末は常体または敬体に統一する。

⑤ 目の前の相手に、念を押したり同意を求めたりできる。

⑥ 音声を調整しながら伝えられる。

(4) 次の文章には、書き言葉として統一がとれていない部分があります。その部分を一文節で抜き出し、正しく書き直しなさい。

先週行ったアンケートの結果の報告です。まず残念なことは、回答率が非常に悪かった点だ。今後の学校生活についての質問をしましたが、関心が低いのでしょうか。お渡ししたプリントに結果をまとめた表を載せています。ご覧ください。

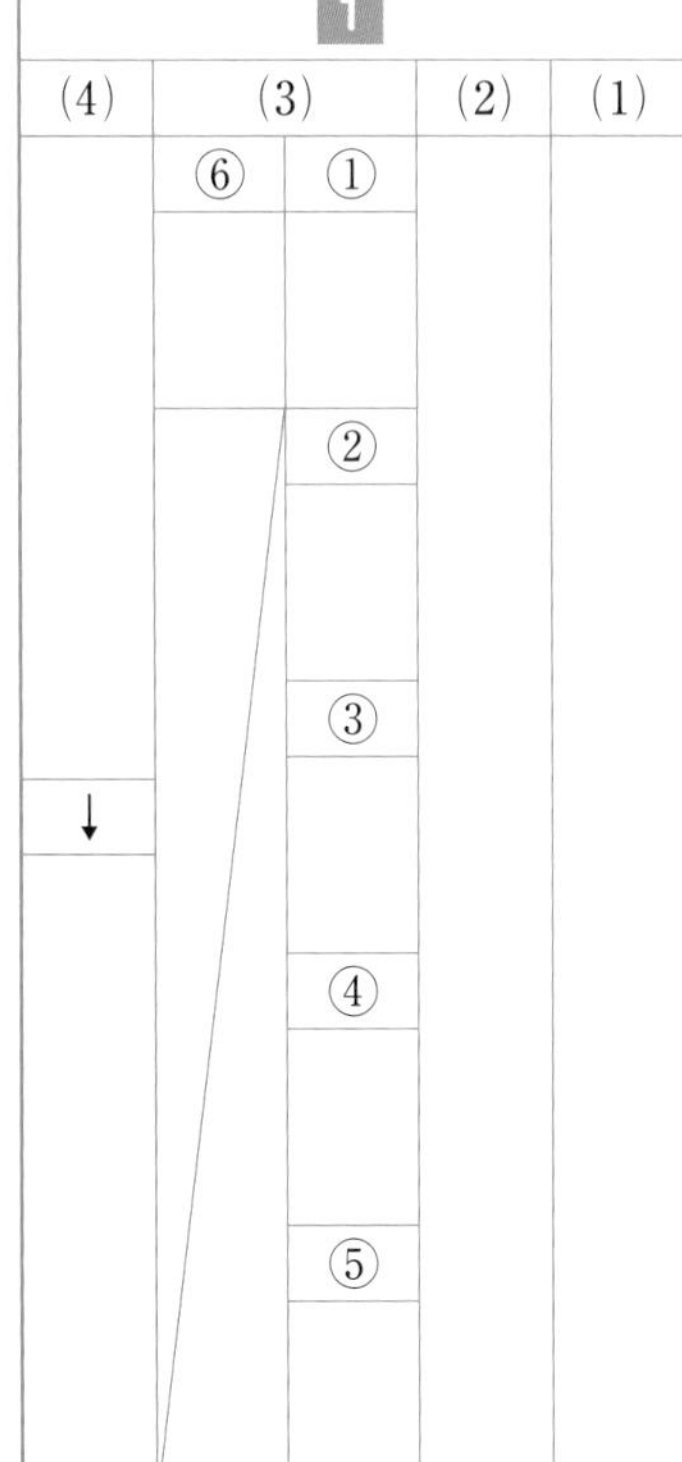

1				
(1)	(2)	(3)		(4)
		①	⑥	→
		②		
		③		
		④		
		⑤		

ぴたトレ1 要点チェック

漢字3 送り仮名

解答 p.22

1 新しく習った漢字

読み仮名を書きなさい。

①肘（　　）　②堤（　　）　③寿（　　）　④誉れ（　　）
⑤薫る（　　）　⑥操る（　　）　⑦懲らしめる（　　）　⑧謹む（　　）
⑨粘る（　　）　⑩鍛える（　　）　⑪怠ける（　　）　⑫鈍い（　　）
⑬童歌（　　）　⑭朗らか（　　）　⑮健やか（　　）　⑯憂い（　　）
⑰偏る（　　）

2 重要語句

正しい意味を下から選び、記号で答えなさい。

①（　）誉れ　　ア かしこまった態度をとる。
②（　）謹む　　イ 不安。心配。
③（　）憂い　　ウ 誇りとする価値のある事柄。よいという評判。

スタートアップ

活用のある語の送り仮名の送り方

動詞	原則：活用語尾を送る。	例 読む・読めば
	＊他の語を含む語は、含まれる語の送り仮名の付け方で送る。例 読ます・読みたい	
形容詞	原則：活用語尾を送る。	例 多い・多かろう
	例外：語幹が「し」で終わる語は、「し」から送る。	例 楽しい 美しい
形容動詞	原則：活用語尾を送る。	例 自由だ・確実だ
	例外：活用語尾の前に「か」「やか」「らか」を含む語は、その部分から送る。	例 確かだ 軽やかだ 朗らかだ

活用のない語の送り仮名の付け方

名詞	原則：送り仮名を付けない。	例 車・机
	例外：最後の音節を送る語もある。	例 勢い・後ろ
	＊活用のある語から転じたり、「さ」「み」「げ」などがついて名詞になった語は、元の語の送り仮名の付け方で送る。例 願い・暑さ・深み	
副詞 連体詞 接続詞	原則：最後の音節を送る。	例 全く・及び
	＊他の語を含む語は、含まれる語の送り仮名の付け方で送る。例 大きな・努めて	

タイムトライアル 10分

解答 p.22

1 活用のある語の送り仮名について、答えなさい。

(1) ――線の片仮名を送り仮名に注意して漢字で書きなさい。

① 大きな声にオドロク。
② 子供のスコヤカな笑顔。
③ 熟睡している弟をオコス。
④ 親友が転校してカナシイ。

(2) ――線の片仮名を送り仮名に注意して漢字で書きなさい。

① a 回転がハヤイ。 b スミヤカに行動する。
② a ホソイ糸で縫う。 b コマカイ作業を続ける。
③ a 絵の具をマゼル。 b 電車がコム。
④ a 実績をアゲル。 b 急な坂道をノボル。

2 活用のない語の送り仮名について、答えなさい。

(1) ――線の片仮名を送り仮名に注意して漢字で書きなさい。

① ます目にナナメに線を引く。
② 到着までにスクナクトモ三日はかかる。
③ 机にヒジをつく。
④ ネガイをかなえる。

(2) ――線の片仮名を送り仮名に注意して漢字で書きなさい。

① a シアワセな家庭を築く。 b サイワイ、旅行は好天に恵まれた。
② a 薬のニガミを抑える。 b クルシサをこらえる。
③ a ウシロを振り返る。 b 競争相手にオクレを取る。

1							2				
(1)		(2)					(1)		(2)		
①	③	①	②	③	④		①	③	①	②	③
		a	a	a	a				a	a	a
②	④	b	b	b	b		②	④	b	b	b

ぴたトレ 1 要点チェック

木

田村隆一

解答 p.22

1 新しく習った漢字 読み仮名を書きなさい。

① 稲妻（　　）

2 重要語句 正しい意味を下から選び、記号で答えなさい。

①（　）わめく　　ア ひそひそと話す。
②（　）囁く　　イ …のように。
③（　）…のごとく　　ウ 大声をあげて騒ぐ。

3 詩の種類と連数 詩の用語・形式上の種類と連数を答えなさい。

① 詩の種類…（　　）
② 連数　　…（　　）連

4 心情の変化 次の連での、木への思いを表す言葉を書きなさい。

① 第一連…（　　）
② 第六連…（　　）

スタートアップ

詩の用語・形式上の種類

☑ 口語自由詩

表現技法

☑ 擬人法…例「木は黙っている」「木は囁いている」など。
☑ 対句…例「愛そのものだ……とまるはずがない」
「正義そのものだ……かえすはずがない」など。
☑ 倒置…例「木は囁いているのだ　ゆったりと静かな声で」
「木は歩いているのだ　空に向かって」など。

人との対比

例「木」＝「黙っている」／「歩いたり走ったりしない」
「愛とか正義とかわめかない」
↔「人」＝黙っていない／歩いたり走ったりする
愛とか正義を押し付ける

例「木」＝「愛そのものだ」「正義そのものだ」
（愛があり、自然から得たものは自然に返す）
↔「人」＝愛がなく、自然からは奪うだけ。

主題

☑ 利己的で狭い世界に生きる「人」に対して、大地に根を張り悠々と生きる「木」を発見し、心が晴れた思い。

1 読解問題 教科書の詩を読んで、問いに答えなさい。 教科書228ページ～229ページ

●教科書228ページ「木は黙っているから……
●教科書229ページ……大好きだ」

(1) この詩の用語・形式上の種類を次から選び、記号で答えなさい。
ア 口語自由詩　イ 文語自由詩
ウ 口語定型詩
ヒント 現代の言葉が使われていて、音数に決まりがないよ。
(　　)

(2) 第一連に「木は黙っている」「木は歩いたり走ったりしない」とありますが、ここで用いられている表現技法を次から一つ選び、記号で答えなさい。
ア 隠喩　イ 擬人法
ウ 体言止め
ヒント 「黙っている」「歩いたり走ったり」は、人の行動だね。
(　　)

(3) 第三連「木は稲妻のごとく……地の下へ」とありますが、これはどんなことを表していますか。
ヒント 「木」の何が、地の下へ走っているのか想像しよう。
(　　)

(4) 第三連に「正義そのものだ」とありますが、なぜそういえるのですか。「自然」という言葉を用いて答えなさい。
ヒント 吸いあげた地下水を空にかえすとは、どういうことかな。
(　　)

(5) 第五連の一行目に「ひとつとして同じ木がない」とありますが、その木の例を、詩の中から二つ抜き出しなさい。
ヒント まるで木を人間にたとえているようだね。
(　　)(　　)

(6) 第六連に「きみのことが大好きだ」とありますが、このときの作者の気持ちを次から一つ選び、記号で答えなさい。
ア 木と向き合うことで、人間社会における苦悩から解放された気持ち。
イ 木と向き合うことで、人間社会における苦悩が重くのしかかってきた気持ち。
ウ 人間社会における苦悩から救ってほしいと、木に助けを求めたい気持ち。
ヒント 第三連から第五連で、いろいろな気づきを得ているよ。
(　　)

タイムトライアル 12分

解答 p.22

ぴたトレ3 確認テスト

文法　一年生の復習

時間20分　／100点　合格75点　解答p.22

1 例にならって文節に区切りなさい。　完答各4点

例 村の｜外れに｜杉の｜大木が｜ある。

① 今日は父の誕生日だ。

② 小学生の弟と公園へ行く。

2 各文の単語の区切り方として適切なものを後から一つ選び、記号で答えなさい。　各4点

① 私は勉強の中で国語が好きです。

ア 私｜は｜勉強の｜中｜で｜国語｜が｜好き｜です。
イ 私は｜勉強｜の｜中で｜国語｜が｜好き｜です。
ウ 私｜は｜勉強｜の｜中｜で｜国語｜が｜好きです。
エ 私は｜勉強の｜中で｜国語｜が｜好きです。

② ひまわりの花がとてもきれいに咲く。

ア ひまわりの｜花｜が｜とても｜きれいに｜咲く。
イ ひまわり｜の｜花｜が｜とても｜きれいに｜咲く。
ウ ひまわり｜の｜花｜が｜とても｜きれい｜に｜咲く。
エ ひまわりの｜花が｜とても｜きれいに｜咲｜く。

③ 父と母は、来月旅行へ行きます。

ア 父｜と｜母は、｜来月｜旅行へ｜行き｜ます。
イ 父と母｜は、｜来月｜旅行｜へ｜行き｜ます。
ウ 父｜と｜母は、｜来月｜旅行｜へ｜行きます。
エ 父｜と｜母｜は、｜来月｜旅行｜へ｜行き｜ます。

3 ――線の文の成分を後から選び、記号で答えなさい。　各3点

① 明るい日差しが降り注ぐ。
② もしもし、中村さんですか。
③ 急な坂道を歩いた。
④ クラスの皆さん、集まってください。
⑤ 雨が降ったので、試合は中止になった。
⑥ 車が猛スピードで走り去った。
⑦ 父が最も大きな荷物を運んだ。
⑧ 暑かった。だから、上着を脱いだ。
⑨ 彼は有名な画家だ。
⑩ 赤い花が咲いている。

ア 主語　イ 述語　ウ 修飾語　エ 接続語
オ 独立語　カ 主部　キ 述部　ク 修飾部
ケ 接続部　コ 独立部

4 各文から主語と述語の文節をそれぞれ抜き出しなさい。　各2点

① 友人が遠くから手を振りながら来た。
② 運動会の練習をするので午後の授業はない。
③ 母は大好きなケーキをおいしそうに食べた。
④ 彼は、あそこに見える高校の生徒だ。
⑤ 公園の花壇に咲いている花がきれいだ。
⑥ 敬語は人間関係をよくするために必要だ。

5 ――線の語の品詞を後から選び、記号で答えなさい。　各2点

① いかなる困難にも打ち勝つ精神力が必要だ。
② お肉ばかり食べないで、野菜も食べなさい。
③ パンにしますか、それともご飯にしますか。
④ 弟に部屋の掃除を手伝わせる。
⑤ 彼女の優しい言葉に力づけられた。
⑥ 彼の優しさが心にしみた。
⑦ 波がザザーっと押し寄せてきた。
⑧ もしもし、戸川さんのお宅ですか。
⑨ もし海が静かなら船を出そう。
⑩ 先生の一声で、教室が急に静まった。

ア 名詞	**イ** 副詞	**ウ** 連体詞	**エ** 接続詞
オ 感動詞	**カ** 動詞	**キ** 形容詞	**ク** 形容動詞
ケ 助詞	**コ** 助動詞		

6 例にならって、活用する自立語には――を、活用しない自立語には〰〰を付けなさい。　完答各4点

例 寒いので今日は泳がない。
① 夏の強い日光が大地に降り注ぐ。
② ある夏の日、はだしで海辺を歩いた。
③ 経験は知識を求める鍵だ。

7 各文の付属語に――を付けなさい。　完答各3点

① もうすぐ卒業するので寂しいなあ。
② このポスターに、工夫を加えよう。

1
① 今日は父の誕生日だ。
② 小学生の弟と公園へ行く。

2
① ② ③

3
① ② ③ ④ ⑤ ⑥ ⑦ ⑧ ⑨ ⑩

4
① ② ③ ④ ⑤ ⑥

5
① ② ③ ④ ⑤ ⑥ ⑦ ⑧ ⑨ ⑩

6
① 夏の強い日光が大地に降り注ぐ。
② ある夏の日、はだしで海辺を歩いた。
③ 経験は知識を求める鍵だ。

7
① もうすぐ卒業するので寂しいなあ。
② このポスターに、工夫を加えよう。

ぴたトレ 3 確認テスト

形

菊池寛

時間20分　／100点　合格75点　解答 p.23

1 思考・判断・表現　文章を読んで、問いに答えなさい。

教科書274ページ下11行〜275ページ下1行

その若い士は、新兵衛の主君松山新介の側腹の子であった。そして、幼少の頃から、新兵衛が守り役として、我が子のようにいつくしみ育ててきたのであった。

「ほかのことでもおりない。明日は我らの初陣じゃほどに、なんぞ華々しい手柄をしてみたい。ついては御身様の猩々緋と唐冠のかぶとを貸してたもらぬか。①あの*服折とかぶとを着て、敵の目を驚かしてみとうござる。」

「ハハハハ。念もないことじゃ。」

新兵衛は高らかに笑った。新兵衛は、相手の子供らしい②無邪気な功名心を快く受け入れることができた。

「が、申しておく、あの服折やかぶとは、申さば中村新兵衛の形じゃわ。そなたが、あの品々を身に着けるうえからは、我らほどの肝魂をもたいでは③かなわぬことぞ。」

と言いながら、新兵衛はまた高らかに笑った。

その明くる日、摂津平野の一角で、松山勢は、大和の筒井順慶の兵と④しのぎを削った。戦いが始まる前いつものように猩々緋の⑤武者が唐冠のかぶとを朝日に輝かしながら、敵勢を尻目にかけて、大きく輪乗りをしたかと思うと、駒の頭を立て直して、一気に敵陣に乗り入った。

(1) ——線①「あの服折とかぶと」とありますが、これはどんなものですか。文章中から十字で抜き出しなさい。 10点

(2) ——線②「無邪気な功名心」とありますが、これはどんな心ですか。簡単に説明しなさい。 10点

(3) ——線③「かなわぬこと」とありますが、新兵衛はどんなことがかなわないと言っているのですか。 10点

(4) ——線④「しのぎを削った。」とありますが、この意味を次から一つ選び、記号で答えなさい。 5点

ア 互いに力を出し合って、激しく戦ったこと。
イ 互いに姿を現さずに、様子をうかがったこと。
ウ 互いに力を合わせて、助け合ったこと。

(5) ——線⑤「武者」とは誰のことですか。文章中から三字で抜き出しなさい。 10点

よく出る

(6) ——線⑥「吹き分けられるように、敵陣の一角が乱れた」とありますが、なぜこうなったのですか。次から一つ選び、記号で答えなさい。 10点

ア 若い武者の堂々とした態度にひるんで、逃げ出したから。
イ 猩々緋と唐冠のかぶとの武者を恐れて、逃げ出したから。
ウ 気負った若い武者の無鉄砲さに驚いて、逃げ出したから。

(7) ——線⑦「その日に限って、……かぶとをかぶっていた」とありますが、なぜ、この日の新兵衛はこんな身なりをしていたのですか。 10点

考える

(8) ——線⑧「かなり大きい誇り」とありますが、これはどんな誇りですか。説明しなさい。 15点

⑥吹き分けられるように、敵陣の一角が乱れたところを、猩々緋の武者は槍を付けたかと思うと、早くも三、四人の端武者を、付き伏せて、また悠々と味方の陣へ引き返した。

⑦その日に限って、黒革おどしのよろいを着て、南蛮鉄のかぶとをかぶっていた中村新兵衛は、会心の微笑を含みながら、猩々緋の武者の華々しい武者ぶりを眺めていた。そして自分の形だけすらこれほどの力をもっているということに、⑧かなり大きい誇りを感じていた。

＊服折＝陣羽織。

菊池寛「形」より

2 ——線の片仮名を漢字で書きなさい。　各5点

① アザやかな青色に染める。　② 人ごみをサける。

③ 体勢がクズれる。　④ 人がサットウする。

1								2	
(1)	(2)	(3)	(4)	(5)	(6)	(7)	(8)	①	③
								②	④

ぴたトレ 3 確認テスト①

生物が記録する科学
――バイオロギングの可能性

佐藤克文

時間20分 ／100点 合格75点 解答p.24

1 思考・判断・表現 文章を読んで、問いに答えなさい。（写真・図は省略。）

教科書278ページ11行〜280ページ4行

私たちは、この方法を用いて、二〇〇三年から①エンペラーペンギンの潜水行動の調査を開始した。それ以前の調査では、エンペラーペンギンの最大潜水深度は五百六十四メートル、最大潜水時間は二十分以上という記録が残っている。ペンギンは、本当にこれほど深く、長時間、潜ることができるのだろうか。

私たちは、まず、南極のマクマード基地近くで実験を行った。海の上に張った氷にペンギンが通り抜けられるくらいの穴を開け、背中に記録計を取り付けた数羽のエンペラーペンギンを放し、潜水深度を記録した。ところが、得られたデータを見て②頭を抱えてしまった。ほとんどの潜水が深度二十メートルより浅く、深い潜水でも百メートルを超えていなかった。なぜ、ペンギンは深く潜らないのだろう。

ペンギンの背中に、小型のカメラを取り付けると、③その答えが見えてきた。氷の穴から潜っていったペンギンは、氷の裏側のくぼみに潜む魚をついばんで食べていたのだ（写真A）。ペンギンが潜る穴は、周辺に穴や亀裂がない所に人工的に設けたものだ。したがって、氷の下の海には、ペンギンの餌となる魚やオキアミが手つかずのまま、豊富に泳いでいる。ペンギンはそもそも餌を捕らえるために海の中に潜る。浅く潜って④その目的を果たせるならば、わざわざ百メートル以上も潜る必要はないというわけだ。

(1) ――線①「エンペラーペンギンの潜水行動の調査」とありますが、具体的には何と何を調査したのですか。漢字四字で二つ答えなさい。 各5点

(2) ――線②「頭を抱えてしまった。」とありますが、それはなぜですか。次から一つ選び、記号で答えなさい。 15点

ア 深度の浅い潜水のデータがほとんど得られなかったから。

イ 予想していたよりも、深度が浅いデータしか得られなかったから。

ウ 予想していたよりも、深度が深いデータしか得られなかったから。

よく出る (3) ――線③「その答え」について、答えなさい。

① 「その答え」とは、どんな問いに対する答えですか。それが書かれた一文を文章中から探し、初めの五字を抜き出しなさい。（句読点を含む。） 10点

② 「その答え」とは、どんなものでしたか。次から一つ選び、記号で答えなさい。 15点

ア 人工的な穴からだと、海の深い部分まで潜れないから。

イ ペンギンの餌は海の浅い部分にしかいないから。

ウ 海の浅い部分に餌となるものが豊富にいたから。

(4) ――線④「その目的」とは、どんな目的ですか。文章中の言葉を用いて十字以内で答えなさい。 10点

考える (5) ――線⑤「ときどき深く潜るようになった。」とありますが、それはなぜだと推測されますか。その理由を「一斉に」という言葉を用いて説明しなさい。 20点

では、人の手が加わらない自然のままの状況ではどうだろう。ペンギンは、もっと深く潜ってくれるかもしれない。私たちは、二〇〇五年に南極のワシントン岬（みさき）にあるエンペラーペンギンの集団繁殖地で、調査を行った。

ペンギンは、餌捕り潜水のために集団繁殖地から氷の上を歩いて、海水が見えている所まで行く。同じ集団繁殖地を出発したペンギンたちは、いっしょに歩いていくため、水に入る所には数千羽が集まる。

私たちはその中のペンギンに記録計を取り付けて、十羽からデータを得た。確かにペンギンたちは、⑤ときどき深く潜るようになった。幾つかの潜水は四百メートルを超え、最大深度は五百十四メートルに達した。しかし、合計二万回にもなる全ての潜水を集計してみると、やはりほとんどの潜水が百メートルより浅いことがわかった（図1）。潜水時間についても、二十七分三十六秒という鳥類の世界最高記録が生まれるいっぽう、ほとんどの潜水が六分以内で終了していた（図2）。なぜ、最大能力に比べて、浅く、短い潜水ばかり行うのだろう。

佐藤 克文「生物が記録する科学――バイオロギングの可能性」より

2 ――線の片仮名を漢字で書きなさい。 各5点

① 目的地にトウチャクする。
② 危険をサける。
③ 優勝をネラう。
④ 工夫をコらす。

1 (1)	1 (2)	1 (3) ①	1 (3) ②	1 (4)	1 (5)	2 ①	2 ②	2 ③	2 ④

ぴたトレ 3 確認テスト②

生物が記録する科学 ——バイオロギングの可能性

時間20分 ／100点 合格75点

解答 p.24

1 思考・判断・表現 文章を読んで、問いに答えなさい。（写真・図は省略。）

教科書281ページ上3行〜282ページ下13行

　さて、もう一つ、「バイオロギング」を用いて明らかになった①ペンギンの興味深い行動がある。エンペラーペンギンと同様に、アデリーペンギンもまた、餌捕(と)り潜水(せんすい)をするために、氷の途切れた所まで歩いていく。ところが、しばらく歩き、目的地に到着(とうちゃく)したペンギンたちは、すぐには潜(もぐ)り始めない。数十羽が五メートルほど離れた所から水面を見つめて、じっと立っている。やがて一羽が「ガー」と鳴くと、周りのペンギンたちも「ガー、ガー」と答える。それがいつしか「ガーガーガー」という大合唱になり、②一斉に水中に飛び込んでいった。そして、二分ほど経過すると、いっしょに水中から氷の上に飛び上がってきた（写真B）。ペンギンたちは、水中でもいっしょに餌を捕っているのだろうか。

　私たちは、群れの中の三羽に深度記録計を取り付けて調べてみた。図3がその結果である。三羽が異なる深さで餌を捕っていることがわかる。同じような深さで餌捕りをすれば、餌をめぐって競争は激しくなる。それを避(さ)けて、別々に行動しているのだ。つまり、彼らは、潜水の開始と終了だけをわざわざ一致(いっち)させていることになる。なぜ、このような行動を取るのだろう。

　何日も観察していると、③その理由が見えてきた。あるとき、ペンギンたちがてんでんばらばらに、ものすごい勢いで氷の上に飛び出してきた。その直後に、ウェッデルアザラシが水面に顔を出した。

(1) ——線①「ペンギンの興味深い行動」とありますが、筆者が特に興味をひかれた行動は何ですか。次から一つ選び、記号で答えなさい。 10点

ア 目的地に着いてもすぐに潜らない行動。

イ 潜る前の大きな声で鳴く行動。

ウ 潜水開始と終了を一致させる行動。

よく出る

(2) ——線②「一斉に水中に飛び込んでいった。」とありますが、ペンギンたちは水中で何をしていますか。文章中から三字で抜き出しなさい。 10点

(3) ——線③「その理由」とは何ですか。当てはまる部分を文章中から十一字で抜き出しなさい。 10点

(4) ——線④「狙っている。」とありますが、この主語を文章中から抜き出しなさい。 10点

(5) ——線⑤「生き残りをかけ」とありますが、野生のペンギンにとって生き残るために大切なことは何ですか。文章中から二つ抜き出しなさい。 各5点

(6) ——線⑥「生息環境」とありますが、どのような環境で調査が行われていますか。文章中から二字の言葉を三つ抜き出しなさい。 各5点

考える

(7) この文章から、「バイオロギング」という調査の方法は、何を調べることができる点で優れていると考えられますか。二十五字程度で答えなさい。 15点

ウェッデルアザラシは、普段は深い所で小魚を捕(つか)まえているが、氷が多い場所では水面に浮かぶ氷の陰に隠れて、飛び込んでくるアデリーペンギンを④狙(ねら)っている。潜水開始と終了を一致させるペンギンたちの行動は、イワシなどの小魚が、群れになって捕食(ほしょく)者の目をくらませるのと同じように、捕食者から身を守るための行動であるようだ。野生のペンギンにとっては、餌を効率よく捕ることも重要だが、捕食者に食べられないこともまた重要なのだ。

　十分な餌をもらい、捕食者から守られている水族館では、ペンギンたちはのんびりと暮らしている。しかし、野生のペンギンの行動を調べてみると、⑤生き残りをかけ、さまざまな工夫を凝(こ)らしていることがわかる。

　野生動物に記録計を取り付けるという大胆な発想から生まれた「バイオロギング」は、⑥生息環境における動物たちのありのままの行動を調べることを可能にした。私たち研究者は、数々の失敗を重ねながら、この方法を開拓(かいたく)してきた。データの背後には、記録計を片手に、現場に向かう人間たちがいる。思うようにデータが得られずに苦しい日々が続くときでも、「あと一歩、もう少し何かを改良すれば、新事実に到達できるかもしれない。」、そんな希望を胸に工夫を重ねてきた。その結果、記録計は、ますます小さくなり、取り付けや回収の方法も改良されてきた。そして、今や、水中ばかりでなく、陸上や空中など、さまざまな環境で生きる動物たちのデータが集められている。

佐藤 克文「生物が記録する科学――バイオロギングの可能性」より

2 ――線の片仮名を漢字で書きなさい。　各5点

① 息をハく。
② 写真をトる。
③ 鳥がミサキに集まる。
④ ネそべって本を読む。

1							2			
(1)	(2)	(3)	(4)	(5)	(6)	(7)	①	②	③	④

ぴたトレ 3
確認テスト①

古典の世界を広げる

時間20分
／100点
合格75点
解答 p.25

1 思考・判断・表現 文章を読んで、問いに答えなさい。

教科書285ページ上15行〜287ページ上13行

「そもそもいかなる人にてましまし候ぞ。名乗らせⓐたまへ。助け参らせん。」

と申せば、

「①汝はたそ。」

と問ひたまふ。

「物その者で候はねども、武蔵の国の住人、熊谷次郎直実。」

と名乗り申す。

「さては、汝にあうては名乗るまじいぞ。汝がためにはよい敵ぞ。名乗らずとも②頸を取つて人に問へ。見知らうずるぞ。」

③とぞ宣ひける。熊谷、「④あつぱれ、大将軍や。この人一人討ち奉りたりとも、負くべきいくさに勝つべきやうもなし。また討ち奉らずとも、勝つべきいくさに負くることもよもあらじ。小次郎が薄手負うたるをだに、直実は心苦しうこそ思ふに、この殿の父、討たれぬと

(1) ══線ⓐ・ⓑの歴史的仮名遣いを現代仮名遣いに直し、平仮名で書きなさい。 各5点

(2) ──線①「汝はたそ。」とありますが、この「汝」とは誰のことですか。文章中から抜き出しなさい。 10点

よく出る

(3) ──線②「頸を取つて人に問へ。」とありますが、人にどんなことを問うのですか。 10点

(4) ──線③「とぞ宣ひける。」とありますが、ここには係り結びが使われています。係りの助詞と結びをそれぞれ抜き出しなさい。 完答5点

(5) ──線④「あつぱれ」とありますが、熊谷は相手のどんなところに対してこう思ったのですか。 10点

(6) ──線⑤「後ろをきつと見ければ」とありますが、なぜこうしたのですか。次から一つ選び、記号で答えなさい。 10点

ア この人を助けるのを手伝ってくれる味方を探していたから。
イ この人の味方がいれば、助けることができるから。
ウ この人を助けられるかどうかを確かめたかったから。

(7) ──線⑥「熊谷あまりにいとほしくて……おぼえず」とありますが、これほどまでに敵をかわいそうに思う理由がわかる一文を探し、初めの五字を抜き出しなさい。 10点

考える

(8) ──線⑦「弓矢取る身ほど口惜しかりけるものはなし。」とありますが、なぜこのように残念に思ったのですか。その理由を簡潔にまとめて答えなさい。 15点

聞いて、いかばかりか嘆きたまはんずらん。あはれ助け奉らばや。」

と思ひて、⑤後ろをきつと見ければ、土肥、梶原五十騎ばかりで続いたり。熊谷涙をおさへて申しけるは、

「助け参らせんとは存じ候へども、御方の軍兵雲霞のごとく候。よも逃れさせたまはじ。人手にかけ参らせんより、同じくは直実が手にかけ参らせて、後の御孝養をこそ仕り候はめ。」

と申しければ、

「ただとくとく頸を取れ。」

とぞ宣ひける。⑥熊谷あまりにいとほしくて、いづくに刀を立つべしともおぼえず、目もくれ心も消え果てて、前後不覚におぼえけれども、さてしもあるべきことならねば、泣く泣く頸をぞかいてんげる。

「あはれ、⑦弓矢取る身ほど口惜しかりけるものはなし。武芸の家に生まれずは、何とてかかる憂き目をば見るべき。情けなうも討ち奉るものかな。」

とかきくどき、袖を顔に押し当ててさめざめとぞⓑ泣きゐたる。やや久しうあつて、さてもあるべきならねば、鎧直垂を取つて頸を包まんとしけるに、錦の袋に入れたる笛をぞ腰に差されたる。

「敦盛の最期――『平家物語』から」より

2 ――線の片仮名を漢字で書きなさい。 各5点

① 災難にアう。
② 着物をヌう。
③ タチを振りかざす。
④ オウギをもって舞を舞う。

1 (1)	1 (2)	1 (3)	1 (4)	1 (5)	1 (6)	1 (7)	1 (8)	2 ①	2 ②	2 ③	2 ④
ⓐ			係りの助詞								
ⓑ			結び								

ぴたトレ 3 確認テスト②

古典の世界を広げる

時間10分
／50点
合格30点
解答 p.26

1 思考・判断・表現　文章を読んで、問いに答えなさい。　教科書289ページ上1行～上7行

家の作りやう（ヨウ）は、①夏をむねとすべし。冬は、いかなる所にも住まる。暑きころわろき住居（すまひ（イ））は、堪へ（た（エ））がたきことなり。深き水は、涼しげなし。浅くて流れたる、はるかに涼し。細かなる物を見るに、遣戸（やりど）は蔀（しとみ）の間（ま）よりも明かし。②天井の高きは、冬寒く、灯（ともしび）暗し。造作（ぞうさく（ゾウ））は、用なき所を作りたる、見るもおもしろく、万（よろづ（ズ））の用にも立ちてよしとぞ、人の定め合ひ（イ）はべりし。

（第五十五段）

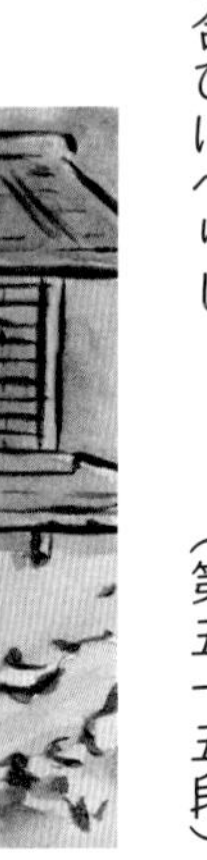

「家の作りやうは――『徒然草』から」より

よく出る

(1) ――線①「夏をむねとすべし。」について、答えなさい。

① 家の作りはなぜ夏を中心に考えるのがよいのですか。簡単に説明しなさい。　10点

② 夏の住みやすさの工夫に関することを書いている一文を探し、初めの三字を抜き出しなさい。　10点

(2) ――線②「天井の高き」とありますが、この欠点は何ですか。それが書かれた部分を文章中から抜き出しなさい。（句読点を含む。）　10点

2 ――線の片仮名を漢字で書きなさい。　各5点

① わが身の不幸をナゲく。

② アカツキの空を見上げる。

③ 敵のジンに攻め込む。

④ 彼はいつもヤサしい。

1 (1) ①	1 (1) ②	1 (2)	2 ①	2 ②	2 ③	2 ④

今取り組めば
テスト に役立つ!

\\ 定期テスト //

予想問題

チェック!

- テスト本番を意識して，時間を計ってチャレンジしよう!
- 間違えたところは「ぴたトレ1～3」を確認しよう!

教材の範囲			教科書のページ
予想問題 1	アイスプラネット	▶ p.106	p.14 ～ 40
予想問題 2	枕草子	▶ p.107	p.14 ～ 40
予想問題 3	クマゼミ増加の原因を探る	▶ p.108	p.42 ～ 59
予想問題 4	短歌に親しむ	▶ p.109	p.68 ～ 81
予想問題 5	言葉の力	▶ p.110	p.68 ～ 81
予想問題 6	類義語・対義語・多義語	▶ p.111	p.68 ～ 81
予想問題 7	盆土産	▶ p.112	p.92 ～ 122
予想問題 8	字のない葉書	▶ p.113	p.92 ～ 122
予想問題 9	モアイは語る――地球の未来	▶ p.114	p.124 ～ 146
予想問題 10	扇の的――「平家物語」から	▶ p.115	p.148 ～ 168
予想問題 11	仁和寺にある法師――「徒然草」から	▶ p.116	p.148 ～ 168
予想問題 12	漢詩の風景	▶ p.117	p.148 ～ 168
予想問題 13	君は「最後の晩餐」を知っているか	▶ p.118	p.170 ～ 187
予想問題 14	走れメロス	▶ p.119	p.196 ～ 230
予想問題 15	文法1～3のまとめ	▶ p.120	p.234 ～ 248

定期テスト
予想問題
1

アイスプラネット

文章を読んで、問いに答えなさい。

時間15分

／100点

合格75点

解答 p.26

　ぐうちゃんから外国のちょっとしゃれた①封筒で僕に手紙が届いたのは、それから四か月ぐらいたってからだった。珍しい切手がいっぱい貼ってあった。

「あのときの話の続きだ。以前若い頃に、北極まで行ってイヌイットと暮らしていたことがあるんだ。そのとき、アイスプラネットを見に行こう、と友達になったイヌイットに言われてカヌーで北極海に出た。アイスプラネット。わかるだろう。氷の惑星だ。それが北極海に本当に浮かんでいたんだ。きれいだったよ。厳しい自然に生きている人だけが目にできる、もう一つの宇宙なんだな、と思ったよ。地上十階建てのビルぐらいの高さなんだ。そして、海の中の氷は、もっともっとでっかい。悠(ゆう)君にもいつか見てほしい。若いうちに勉強をたくさんして、いっぱい本を読んで、いっぱいの②『不思議アタマ』になって世界に出かけていくとおもしろいぞ。世界は、楽しいこと、悲しいこと、美しいことで満ち満ちている。誰もが一生懸命生きている。それこそありえないほどだ。③それを自分の目で確かめてほしいんだ。」

　手紙には、ぐうちゃんの力強い文字がぎっしり詰まっていた。

　そして、封筒からは写真が二枚出てきた。一枚は人間の倍ぐらいあるでっかいナマズの写真。もう一枚は、北極の海に浮かぶ、見た者を幸せにするという氷の惑星(アイスプラネット)の写真だった。

椎名 誠「アイスプラネット」より

(1) ――線①「封筒」には、手紙の他に何が入っていましたか。文章中から二字で抜き出しなさい。 25点

(2) ――線②「不思議アタマ」とはどんなことを言っているのですか。次から一つ選び、記号で答えなさい。 25点
ア いろいろなことに興味や疑問をもつこと。
イ いろいろなことを冷静に考えること。
ウ いろいろなことに思いやりをもつこと。

(3) ――線③「それ」の指し示す内容が書かれているのはどこですか。文章中から一続きの二文を探し、初めと終わりの四字を抜き出しなさい。(句点は含まない。) 25点

(4) ぐうちゃんは、手紙を通して「僕」に何の大切さを伝えようとしていますか。三十字以内にまとめて答えなさい。 25点

(1)	(2)	(3)	(4)
		～	

定期テスト予想問題 2

枕草子

文章を読んで、問いに答えなさい。

時間15分
／100点
合格75点
解答 p.27

①うつくしきもの。瓜にかきたるちごの顔。雀の子のねず鳴きするに②をどり来る。③二つ三つばかりなるちごの、いそぎて這ひ来る道に、いと小さき塵のありけるを、目ざとに見つけて、いとをかしげなる指にとらへて、④大人ごとに見せたる、いとうつくし。頭はあまそぎなるちごの、目に髪のⓑおほへるを、かきはやらで、うちかたぶきて物など見たるも、⑤うつくし。

（第百四十五段）

現代語訳

かわいらしいもの。瓜に描いてある幼児の顔。雀の子が、ねずみの鳴きまねをして呼ぶと、踊るようにやって来る様子。二、三歳ほどの幼児が、急いではってくる途中に、とても小さいごみがあったのを目ざとく見つけて、愛らしい指でつまんで、大人たち一人一人に見せている様子はとてもかわいらしい。髪はあまそぎにしている幼女が、目に髪がかかっているのをかき払わずに、顔を傾けて物などを見ているのも、かわいらしい。

清少納言「枕草子」より

(1) ===線ⓐ・ⓑの歴史的仮名遣いを現代仮名遣いに直しなさい。 各5点

(2) ——線①「うつくしきもの。」として、幾つのものが挙げられていますか。 20点

(3) ——線②「をどり来る。」の主語は何ですか。古文から三字で抜き出しなさい。 15点

(4) ——線③「二つ三つばかりなるちご」とはどんな意味ですか。現代語訳から抜き出しなさい。 10点

(5) ——線④「大人ごとに見せたる」とありますが、何を見せたのですか。古文から抜き出しなさい。 20点

(6) ——線⑤「うつくし。」とありますが、作者はどんな様子を「うつくし」と感じたのですか。簡潔にまとめて答えなさい。 25点

(1)	(2)	(3)	(4)	(5)	(6)
ⓐ　ⓑ	つ				

定期テスト予想問題 3

クマゼミ増加の原因を探る

文章を読んで、問いに答えなさい。（図は省略。）

時間15分

／100点

合格75点

解答 p.27

大阪市内では、なぜクマゼミの占める割合が、これほど高くなったのか。私たちは、幼虫が「②孵化して土に潜る段階」に注目した。[仮説2]でも述べたとおり、雨が降ると土がぬかるんで軟らかくなり、幼虫が地面に潜りやすくなる。しかし、都市化の進んだ大阪市内では、地表の大半が舗装されており、セミは地面に潜れない。さらに、公園などに残された土も、人の足で踏み固められ、ヒートアイランド現象の影響で乾燥しきっている。雨が降っても、野原や森林の土のように、ぬかるむことはない。

私たちは、図1に示した抜け殻調査をする際に、それらの地点の土の硬さも測定していた。その結果、クマゼミが多い市内の公園は土が硬く、クマゼミが少ない市外の緑地や森林は土が軟らかいことがわかった。私たちは、①この違いに注目し、次のような仮説を立てた。

> [仮説3] クマゼミの幼虫は土を掘る力が強く、ヒートアイランド現象による乾燥と地表の整備によって硬化した地面にも潜ることができる。

この仮説を検証するために、私たちは、②セミの幼虫が土に潜る能力を実験で比較した。まず、四段階の硬さに押し固めた土を用意して、そこに孵化したばかりの幼虫を入れた。そして、一時間以内に潜れるかどうかを観察した。結果が図7である。クマゼミは他のセミと比べ、硬い土に潜る能力が圧倒的に高かった。乾燥と③地表整備で、他のセミが潜れなくなるほど硬くなった地面にも、クマゼミだけは潜ることができる。④これが、大阪市内でクマゼミの占める割合が高まった原因と考えられる。

沼田　英治「クマゼミ増加の原因を探る」より

(1) ――線①「この違い」とは何の違いですか。十字以内で答えなさい。 25点

(2) ――線②「セミの幼虫が……比較した。」とありますが、これは何を確かめるために行ったのですか。簡潔に答えなさい。 25点

(3) ――線③「地表整備」とは、具体的にどのような状態のことですか。 25点

(4) ――線④「これ」が指している内容を簡潔にまとめなさい。 25点

(1)	(2)	(3)	(4)

定期テスト 予想問題 4

短歌に親しむ

文章を読んで、問いに答えなさい。

時間15分 ／100点 合格75点

解答 p.27

鯨の世紀恐竜の世紀いづ(ズ)れにも戻れぬ地球の水仙の白　馬場(ばば)あき子(こ)

二十世紀から二十一世紀へ時代が移るときに作られた歌です。地球上に人類が誕生するよりもはるか前に、鯨や恐竜が栄えている時代がありました。人間は今、我が物顔で新しい世紀へ歩み出していますが、①それでよいのだろうか。遠い昔の地球は、もっと安らかで悠然としていたのではないか。そんな問いかけが聞こえます。そして、この歌の優れた点は、「水仙の白」と歌い収めたところです。鯨の世紀、恐竜の世紀といった、とてつもなく長い時間が「水仙の白」という一滴の時間の中に、すっと回収されていきます。②大きな時間と③小さな時間が、一首の中でダイナミックに溶け合っているのがわかって、思わずため息が出ます。短歌は短い詩ですが、このように壮大(そうだい)なことを表現することもできるのです。

蛇行する川には蛇行の理由あり急げばいいってもんじゃないよと　俵(たわら)万智(まち)

川でも道でも、蛇行するよりまっすぐのほうがむだなく早く進めます。けれども作者は、急ぐだけがいいわけではないと気づいたのです。④曲がりくねったり寄り道をしたりするのは、必ず理由のあることなのだ、と。それは生きることそのものと重なり合うにちがいありません。「急げばいいってもんじゃないよと」という口語の息遣いには、すぐ近くから呼びかけてくるような温かさがあり、この歌を読むたびに⑤勇気がわいてきます。

栗木 京子「短歌に親しむ」より

(1) ――線①「それ」が指し示す内容を答えなさい。　25点

(2) ――線②「大きな時間」、③「小さな時間」を表しているものを、それぞれ短歌から抜き出しなさい。　各10点

(3) ――線④「曲がりくねったり寄り道をしたりする」様子のことを、短歌の中では何と表現していますか。四字で抜き出しなさい。　25点

(4) ――線⑤「勇気がわいてきます。」とありますが、それはなぜですか。文章中の言葉を用いて答えなさい。　30点

(1)	(2)	(3)	(4)
	② ③		

定期テスト予想問題 5

言葉の力

文章を読んで、問いに答えなさい。

時間15分

／100点

合格75点

解答 p.28

私はその話を聞いて、体が一瞬揺らぐような不思議な感じに襲われた。春先、もうまもなく花となって咲き出でようとしている桜の木が、花びらだけでなく、木全体で懸命になって最上のピンクの色になろうとしている姿が、私の脳裏に揺らめいたからである。花びらのピンクは、幹のピンクであり、樹皮のピンクであり、樹液のピンクであった。桜は全身で春のピンクに色づいていて、花びらはいわばそれらのピンクが、ほんの尖端だけ姿を出したものにすぎなかった。

考えてみればこれはまさにそのとおりで、木全体の一刻も休むことない活動の精髄が、春という時節に桜の花びらという一つの現象になるにすぎないのだった。しかしわれわれの限られた視野の中では、桜の花びらに現れ出たピンクしか見えない。たまたま志村さんのような人がそれを樹木全身の色として見せてくれると、はっと驚く。

このように見てくれば、これは言葉の世界での出来事と同じことではないかという気がする。言葉の一語一語は、桜の花びら一枚一枚だといっていい。一見したところ全然別の色をしているが、しかし本当は全身でその花びらの色を生み出している大きな幹、それを、その一語一語の花びらが背後に背負っているのである。そういうことを念頭におきながら、言葉というものを考える必要があるのではなかろうか。そういう態度をもって言葉の中で生きていこうとするとき、一語一語のささやかな言葉の、ささやかさそのものの大きな意味が実感されてくるのではなかろうか。美しい言葉、正しい言葉というものも、そのとき初めて私たちの身近なものになるだろう。

大岡 信「言葉の力」〈「ことばの力」の一部に、筆者が加筆したもの〉より

(1) ――線①「不思議な感じに襲われた。」とありますが、このとき筆者がイメージしたことを文章中から探し、初めと終わりの五字を抜き出しなさい。（句読点を含む。） 30点

(2) 筆者は、「言葉」と「桜の花びら」がどんな点で同じだと言っていますか。次から一つ選び、記号で答えなさい。 25点

ア 言葉にも場所による違いがある点。
イ 言葉にもその背後に背負っているものがある点。
ウ 一つの言葉にもいろいろな意味の違いがある点。

(3) ――線②「美しい言葉、……身近なものになるだろう。」とありますが、そのためにはどうすることが必要なのですか。まとめて答えなさい。 45点

(1)	(2)	(3)
～		

定期テスト予想問題 **6**

類義語・対義語・多義語

それぞれの問いに答えなさい。

時間15分

／100点

合格75点

解答 p.28

(1) 次の言葉の類義語を後から選び、記号で答えなさい。 各5点

① 消息　② 着服　③ 応答
④ 収入　⑤ 突然

ア 返事	**イ** 不意	**ウ** 横領
エ 所得	**オ** 音信	

(2) 次の熟語の中から、類義語の組み合わせを二組答えなさい。 完答各5点

方角	覚悟	心情	道路
風向	決定	決意	方向

(3) 次の言葉の対義語を後から選び、記号で答えなさい。 各5点

① 単純　② 義務　③ 延長
④ 解散　⑤ 困難

ア 複雑	**イ** 容易	**ウ** 短縮
エ 集合	**オ** 権利	

(4) 熟語の中から、対義語の組み合わせを二組答えなさい。 完答各5点

安心	温和	寒冷	不安
精神	親切	安定	温暖

(5) ――線の言葉の意味として適切なものを後から一つずつ選び、記号で答えなさい。 各5点

①
A 忙しすぎて手が足りない。
B 君のその手には乗らないぞ。
C 敵の行く手をはばむ。

ア 策略　**イ** 人手。手数。　**ウ** 方向

②
A 彼は、この町では顔が広い。
B なにくわぬ顔をして通り過ぎた。
C 顔に泥をぬられた。

ア 名誉や面目。　**イ** 表情　**ウ** 知名度

(1)	(2)	(3)	(4)	(5)	
①		①		①	②
②		②		A	A
③		③		B	B
④		④		C	C
⑤		⑤			

定期テスト予想問題 7

盆土産（みやげ）

文章を読んで、問いに答えなさい。

時間15分

／100点

合格75点

解答 p.29

揚げたてのえびフライは、口の中に入れると、しゃおっ、というような音を立てた。かむと、緻密な肉の中で前歯がかすかにきしむような、いい歯応えで、この辺りでくるみ味といっているえもいわれないうまさが口の中に広がった。

二尾も一度に食ってしまうのは惜しいような気がしたが、明日からは盆で、精進しなければならない。最初は、自分のだけ先になくならないように、横目で姉を見ながら調子を合わせて食っていたが、①二尾目になると、それも忘れてしまった。

②不意に、祖母がむせてせき込んだ。姉が背中をたたいてやると、小皿にえびのしっぽをはき出した。

「歯がねえのに、しっぽは無理だえなあ、婆（ばっ）ちゃ。えびは、しっぽを残すのせ。」

と、父親が苦笑いして言った。

そんなら、食う前にそう教えてくれればよかった。姉の皿を見ると、やはりしっぽは見当たらなかった。③姉もこちらの皿を見ていた。顔を見合わせて、首をすくめた。

④「歯があれば、しっぽもうめえや。」

姉が誰にともなくそう言うので、

「んだ。うめえ。」

と同調して、その勢いで二尾目のしっぽも口の中に入れた。

三浦 哲郎「盆土産」〈「冬の雁」〉より

(1) ——線①「二尾目になると、それも忘れてしまった。」とありますが、なぜ忘れてしまったのですか。 25点

(2) ——線②「祖母がむせてせき込んだ。」とありますが、それはなぜですか。 25点

(3) ——線③「姉もこちらの皿を見ていた。」とありますが、なぜ皿を見ていたのですか。 25点

(4) ——線④「歯があれば、しっぽもうめえや。」とありますが、なぜそんなことを言ったのですか。そのときの姉の気持ちを次から一つ選び、記号で答えなさい。 25点

ア しっぽを食べてしまった恥ずかしさをごまかしたい気持ち。

イ 歯があればしっぽも食べていいのだと喜ぶ気持ち。

ウ しっぽを食べてしまった弟をなぐさめようという気持ち。

(1)	(2)	(3)	(4)

定期テスト
予想問題
8

字のない葉書

文章を読んで、問いに答えなさい。

時間15分
／100点
合格75点
解答 p.29

一週間ほどで、初めての葉書が着いた。紙いっぱいはみ出すほどの、①威勢のいい赤鉛筆の大マルである。付き添っていった人の話では、地元婦人会が赤飯やぼた餅を振る舞って歓迎してくださったとかで、かぼちゃの茎まで食べていた東京に比べれば大マルにちがいなかった。

ところが、次の日からマルは急激に小さくなっていった。情けない黒鉛筆の小マルは、ついにバツに変わった。その頃、少し離れた所に疎開していた上の妹が、下の妹に会いに行った。

下の妹は、校舎の壁に寄り掛かって梅干しの種をしゃぶっていたが、姉の姿を見ると、種をぺっと吐き出して泣いたそうな。

まもなく②バツの葉書も来なくなった。三月目に母が迎えに行ったとき、百日ぜきをわずらっていた妹は、しらみだらけの頭で三畳の布団(ふとん)部屋に寝かされていたという。

妹が帰ってくる日、私と弟は家庭菜園のかぼちゃを全部収穫した。小さいのに手をつけると叱る父も、③この日は何も言わなかった。私と弟は、ひと抱えもある大物からてのひらに載るうらなりまで、二十数個のかぼちゃを一列に客間に並べた。これぐらいしか妹を喜ばせる方法がなかったのだ。

夜遅く、出窓で見張っていた弟が、

「帰ってきたよ！」

と叫んだ。茶の間に座っていた父は、はだしで表へ飛び出した。防火用水桶(おけ)の前で、やせた妹の肩を抱き、声を上げて泣いた。④私は父が、大人の男が声を立てて泣くのを初めて見た。

向田 邦子「字のない葉書」〈「眠る盃」〉より

(1) ――線①「威勢のいい赤鉛筆の大マル」とありますが、これと対応する対句的な表現を文章中から抜き出しなさい。 25点

(2) ――線②「バツの葉書も来なくなった。」とありますが、このときの妹の状態を、文章中から十二字で抜き出しなさい。 25点

(3) ――線③「この日は何も言わなかった。」とありますが、それはなぜですか。その理由を考えて書きなさい。 25点

(4) ――線④「私は父が、……初めて見た。」とありますが、このとき筆者は、どんな気持ちを抱きましたか。次から一つ選び、記号で答えなさい。 25点

ア 怒りと失望　イ 不安と悲しみ　ウ 驚きと感動

(1)	(2)	(3)	(4)

定期テスト予想問題 9

モアイは語る――地球の未来

文章を読んで、問いに答えなさい。

　現代の私たちは、地球始まって以来の異常な人口爆発の中で生きている。一九五〇年代に二十五億足らずだった地球の人口は、半世紀もたたないうちに、その二倍の五十億を突破してしまった。イースター島の急激な人口の増加は、百年に二倍の割合であったから、いかに現代という時代が①異常な時代であるかが理解できよう。

　このまま人口の増加が続いていけば、二〇三〇年には八十億を軽く突破し、二〇五〇年には九十億を超えるだろうと予測される。しかし、地球の農耕地はどれほど耕しても二十一億ヘクタールが限界である。そして、二十一億ヘクタールの農耕地で生活できる地球の人口は、八十億がぎりぎりである。②食料生産に関しての革命的な技術革新がないかぎり、地球の人口が八十億を超えたとき、食料不足や資源の不足が恒常化する危険性は大きい。

　絶海の孤島のイースター島では、森林資源が枯渇（こかつ）し、島の住民が飢餓に直面したとき、どこからも食料を運んでくることができなかった。③地球も同じである。広大な宇宙という漆黒の海にぽっかりと浮かぶ青い生命の島、地球。その森を破壊し尽くしたとき、その先に待っているのはイースター島と同じ飢餓地獄である。とするならば、私たちは、今あるこの有限の資源をできるだけ効率よく、長期にわたって利用する方策を考えなければならない。それが、④人類の生き延びる道なのである。

安田 喜憲「モアイは語る――地球の未来」より

(1) ――線①「異常な時代」とありますが、何が異常なのですか。文章中から五字で抜き出しなさい。 20点

(2) ――線②「食料生産に関しての革命的な技術革新」とはどんなことですか。「農耕地」という言葉を用いて説明しなさい。 30点

(3) ――線③「地球も同じである。」とありますが、イースター島とどんな点が同じなのですか。 20点

(4) ――線④「人類の生き延びる道」とありますが、それはどんなことだと言っていますか。三十字以内で答えなさい。 30点

(1)	(2)	(3)	(4)

時間15分

／100点

合格75点

解答 p.29

定期テスト予想問題 10

扇の的――「平家物語」から

文章を読んで、問いに答えなさい。

時間15分

／100点

合格75点

解答 p.30

与一、かぶらを取つてつがひ、よつぴいてひやうど放つ。小兵といふぢやう、十二束三伏、弓は強し、浦響くほど長鳴りして、あやまたず扇の要ぎは一寸ばかりおいて、①ひいふつとぞ射切つたる。かぶらは海へ入りければ、扇は空へぞ上がりける。しばしは虚空にひらめきけるが、春風に一もみ二もみもまれて、海へさつとぞ散つたりける。夕日のかかやいたるに、みな紅の扇の日出だしたるが、白波の上に漂ひ、浮きぬしづみぬ揺られければ、沖には平家、ふなばたをたたいて感じたり、陸には源氏、えびらをたたいてどよめきけり。

あまりのおもしろさに、感に堪へざるにやとおぼしくて、舟のうちより、年五十ばかりなる男の、黒革をどしの鎧着て、白柄の長刀持つたるが、扇立てたりける所に立つて舞ひしめたり。伊勢三郎義盛、与一が後ろへ歩ませ寄つて、

②「御定ぞ、つかまつれ。」

と言ひければ、今度は中差取つてうちくはせ、よつぴいて、しや頸の骨をひやうふつと射て、舟底へ逆さまに射倒す。平家の方には音もせず、源氏の方にはまたえびらをたたいてどよめきけり。

「扇の的――『平家物語』から」より

(1) ――線①「ひいふつとぞ射切つたる。」とありますが、どこを射切ったのですか。文章中から抜き出しなさい。 20点

(2) この文章には対句表現が二か所使われています。文章中からそれらの対句表現を探し、それぞれ初めと終わりの四字を抜き出しなさい。（句読点は含まない。） 各20点

(3) ――線②「御定ぞ、つかまつれ。」とありますが、そう言われた与一はどうしましたか。簡潔に答えなさい。 20点

(4) 源氏側と平家側の違いがよく表れている一文を探し、初めの四字を抜き出しなさい。 20点

(1)	(2)		(3)	(4)
	〜	〜		

定期テスト予想問題 11

仁和寺にある法師――「徒然草」から

文章を読んで、問いに答えなさい。

時間15分

／100点

合格75点

解答 p.30

仁和寺にある法師、年寄るまで石清水(ⓐいはしみづ)を拝まざりければ、①心うく覚えて、あるとき思ひたちて、ただ一人、徒歩(かち)より詣でけり。極楽寺(ごくらくじ)・高良(かうら)などを拝みて、かばかりと心得て帰りにけり。

さて、ⓑかたへの人にあひて、「②年ごろ思ひつること、果たしはべりぬ。聞きしにも過ぎて、③尊(たふと)くこそおはしけれ。そも、④参りたる人ごとに山へ登りしは、⑤何事かありけん、ゆかしかりしかど、神へ参るこそ本意(ほい)なれと思ひて、山までは見ず。」とぞ言ひける。

少しのことにも、先達(せんだち)はあらまほしきことなり。（第五十二段）

兼好法師「仁和寺にある法師――『徒然草』から」より

(1) ══線ⓐ・ⓑの歴史的仮名遣いを現代仮名遣いに直し、平仮名で書きなさい。　各10点

(2) ――線①「心うく覚えて」とありますが、どんなことを「心うく」思っていたのですか。現代語で答えなさい。　10点

(3) ――線②「年ごろ」とありますが、その意味を次から一つ選び、記号で答えなさい。　10点

ア その年になって。　**イ** 長年の間。　**ウ** その頃。

(4) ――線③「尊くこそおはしけれ。」、⑤「何事かありけん」には、係り結びが用いられています。それぞれの、A係りの助詞と、B変化した結びを答えなさい。　完答各15点

(5) ――線④「参りたる人ごとに山へ登りし」とありますが、みな何のために山に登っていたのですか。十字以内で答えなさい。　10点

(6) 作者は、この仁和寺の法師の話から、どんな教訓を見いだしていますか。現代語で答えなさい。　20点

(1)	(2)	(3)	(4)		(5)	(6)
ⓐ			③	⑤		
			A	A		
ⓑ			B	B		

定期テスト
予想問題
12

漢詩の風景

詩を読んで、問いに答えなさい。

時間15分

／100点
合格75点

解答 p.31

黄鶴楼(くわうかくろう)(コウ)にて孟浩然(まうかうねん)(モウ)(コウ)の広陵(くわうりよう)(コウリョウ)に之(ゆ)くを送る　李白(りはく)

①故人西のかた黄鶴楼を辞し
②煙花三月揚州(やうしう)(ヨウシュウ)に下る
孤帆(こはん)の遠影碧空(へきくう)に尽き
唯(た)だ見る長江(ちやうかう)(チョウコウ)の天際に流るるを

故人西ノカタ辞シ二黄鶴楼ヲ一
煙花三月下ル二揚州ニ一
孤帆ノ遠影碧空ニ尽キ
唯ダ見ル長江ノ天際ニ流ルルヲ

石川 忠久「漢詩の風景」より

(1) この漢詩の形式を何といいますか。漢字四字で答えなさい。 20点

(2) ——線①「故人」とは、誰のことですか。名前を答えなさい。 20点

(3) ——線②「煙花」とは、何のことですか。次から一つ選び、記号で答えなさい。 20点

ア 火の煙　**イ** 春がすみ　**ウ** 花びら

(4) 孟浩然の孤独な姿は、どの言葉に表れていますか。詩の中から二字で抜き出しなさい。 20点

(5) この漢詩では、作者のどんな心情が表現されていますか。次から一つ選び、記号で答えなさい。 20点

ア 長江の流れに乗り、自分も自由気ままな旅をしてみたい。
イ 何も考えずに、ただ長江の雄大な流れを眺めていたい。
ウ 孟浩然との別離の悲しみが尽きない。

(1)	(2)	(3)	(4)	(5)

定期テスト
予想問題
13

君は「最後の晩餐(ばんさん)」を知っているか

文章を読んで、問いに答えなさい。

時間15分

／100点

合格75点

解答
p.31

「最後の晩餐」の修復(①)が終了したのは、一九九九年五月のことだ。それまでかびやほこりで薄汚れて、暗い印象のあった絵から、鮮やかな色彩がよみがえった。しかし、絵の細かいところはわからない。レオナルドが描いた細部は、既に剝がれ落ちて、消えてなくなっていた。修復の作業は、あくまで汚れを落とすことと、現状の絵をそのままに保護することだけだ。だから修復された絵には、もう細かい描写はない。今、私たちが見ることができるのは、そんな「最後の晩餐」である。

ところが、実際に修復を終えた「最後の晩餐」の前に立って、その絵を眺めると、文句がないほどに魅力的(②)なのだ。確かに細部は落ちて、消えてなくなっている。しかし、そのためにかえって、絵の「全体」がよく見えるようになった。人物の輪郭が作る形。その連なり。絵の構図がもっている画家の意図。つまり、レオナルドが、絵画の科学を駆使して表現しようとしたものが、とてもよく見えてくる。だから、いきなり「かっこいい。」と思えるのだ。

逆に、絵が完成したばかりの頃、それを見た人たちは、細部の描き込みのすごさに息をのんで、感嘆したのかもしれない。しかし、そういうものに目を奪われて、この絵がもっている本当の魅力が「見えなかった」。そんなこと(③)があったのではないか。そして細部が剝げ落ち、ぼんやりした形の連なりだけが残った。修復は、そのような「全体」をより明快に見えるようにした。だとしたら、本当の「最後の晩餐」は、二十一世紀の私たちが初めて見たのかもしれない。レオナルドが描きたかったのは「それ(④)」なのだ。

布施 英利「君は『最後の晩餐』を知っているか」より

(1) ――線①「修復」では、どんなことが行われましたか。 25点

(2) ――線②「文句がないほどに魅力的」とありますが、このことを一言で何と表現していますか。（符号・句点は含まない。） 20点

(3) ――線③「そんなこと」とありますが、筆者は、完成当時の絵を見た人々に、どんなことがあったと想像していますか。まとめて答えなさい。 25点

(4) ――線④「それ」とありますが、レオナルドはどんな絵を描きたかったのですか。具体的に答えなさい。 30点

(1)	(2)	(3)	(4)

走れメロス

文章を読んで、問いに答えなさい。

解答 p.32

　ふと耳に、せんせん、水の流れる音が聞こえた。そっと頭をもたげ、息をのんで耳を澄ました。すぐ足元で、水が流れているらしい。よろよろ起き上がって、見ると、岩の裂け目からこんこんと、①何か小さくささやきながら清水が湧き出ているのである。その泉に吸い込まれるようにメロスは身をかがめた。水を両手ですくって、一口飲んだ。ほうと長いため息が出て、夢から覚めたような気がした。歩ける。行こう。肉体の疲労回復とともに、僅かながら②希望が生まれた。義務遂行の希望である。我が身を殺して、名誉を守る希望である。斜陽は赤い光を木々の葉に投じ、葉も枝も燃えるばかりに輝いている。日没までには、まだ間がある。私を待っている人があるのだ。少しも疑わず、静かに期待してくれている人があるのだ。私は信じられている。私の命なぞは問題ではない。死んでおわびなどと、気のいいことは言っておられぬ。私は信頼に報いなければならぬ。③今はただその一事だ。走れ！　メロス。

　④私は信頼されている。私は信頼されている。先刻の、あの悪魔のささやきは、あれは夢だ。悪い夢だ。忘れてしまえ。五臓が疲れているときは、ふいとあんな悪い夢を見るものだ。メロス、おまえの恥ではない。やはり、おまえは真の勇者だ。再び立って走れるようになったではないか。ありがたい！　私は正義の士として死ぬことができるぞ。ああ、日が沈む。ずんずん沈む。待ってくれ、ゼウスよ。私は生まれたときから正直な男であった。正直な男のままにして死なせてください。

太宰 治「走れメロス」より

(1)　――線①「何か小さくささやきながら」とありますが、ここに用いられている表現技法は何ですか。次から一つ選び、記号で答えなさい。　20点

ア 倒置　**イ** 直喩　**ウ** 擬人法

(2)　――線②「希望」とありますが、どのような希望ですか。文章中から二つ、七字で抜き出しなさい。　各15点

(3)　――線③「今はただその一事だ。」とありますが、「その一事」とはどんなことですか。文章中の言葉を用いて、十字以内で答えなさい。　25点

(4)　――線④「私は信頼されている。私は信頼されている。」とありますが、メロスはなぜ同じ言葉を二度繰り返しているのですか。簡潔に答えなさい。　25点

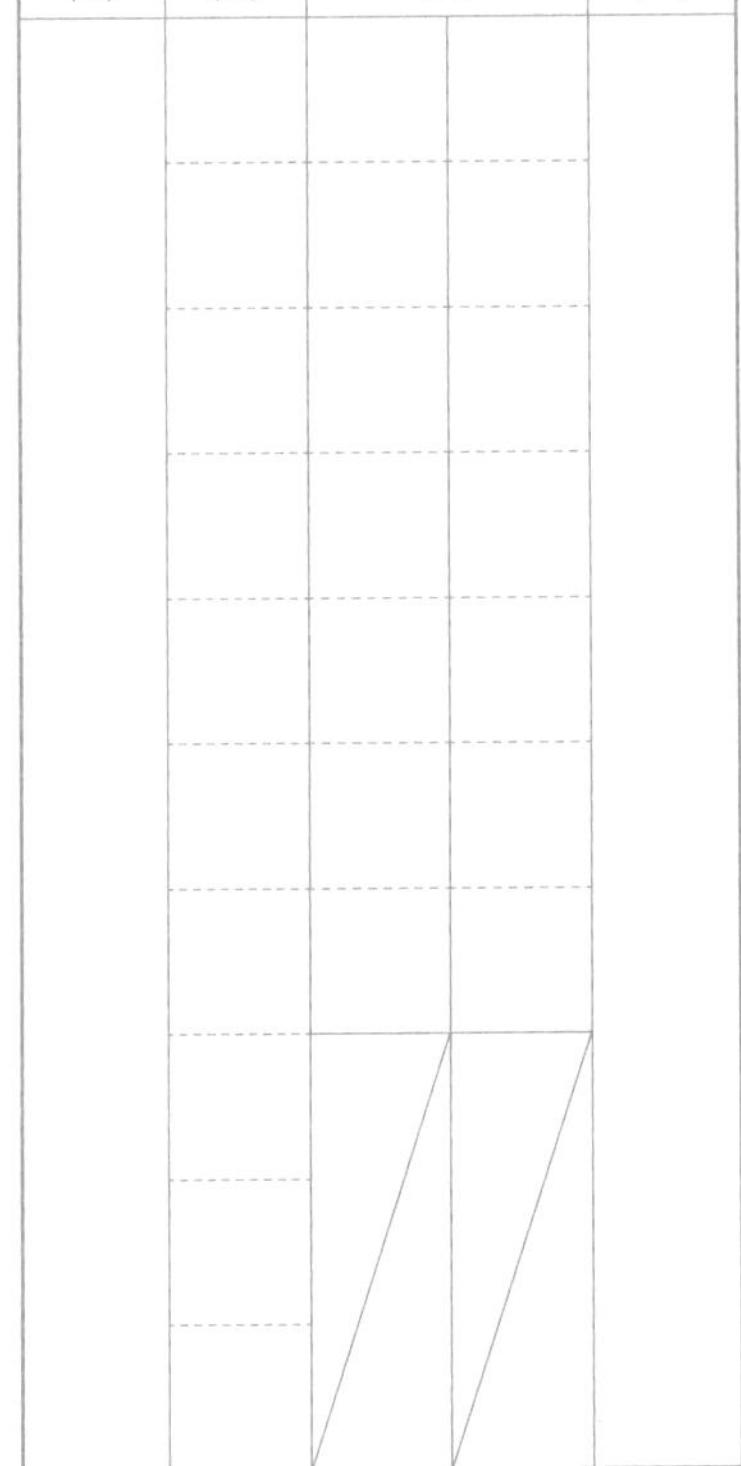

定期テスト予想問題 15

文法1～3のまとめ

それぞれの問いに答えなさい。

時間15分　／100点　合格75点

解答 p.32

(1) ——線の単語の種類を後から選び、記号で答えなさい。各5点

① 昨日は、どしゃぶりの雨に降られて、ずぶぬれになったよ。
② 朝から小鳥のさえずる声が聞こえる。
③ 物質的に豊かな社会になった。
④ 窓から朝日が差して、まぶしい。
⑤ あの人とは以前、会ったことがあります。
⑥ 友達とゆっくり歩きながら駅まで向かった。
⑦ はい、わかりました。すぐに行きます。
⑧ 多くの客が来ていた。だから、精算に時間がかかった。

ア 動詞　**イ** 形容詞　**ウ** 形容動詞　**エ** 名詞
オ 副詞　**カ** 連体詞　**キ** 接続詞　**ク** 感動詞

(2) ——線の動詞の活用の種類を後から選び、記号で答えなさい。各4点

① 川岸で友人と魚を釣った。
② 明日は勉強するから、今日は遊んでもいいかな。
③ こちらに来て説明してください。
④ よく見たら、それぞれの違いがわかります。
⑤ 原因を調べてみましょう。

ア 五段活用　**イ** 上一段活用　**ウ** 下一段活用
エ カ行変格活用　**オ** サ行変格活用

(3) ——線の形容詞と形容動詞の活用形を答えなさい。各4点

① そんなことを言われたらうれしかろう。
② その情報は確かだった。

(4) ——線の助詞の種類を後から選び、記号で答えなさい。各4点

① 今日は暑いので水をたくさん飲みましょう。
② そんな簡単なことならば私でもできる。
③ もう少し晴れたらいいなあ。
④ 多くの木を伐採することになった。

ア 格助詞　**イ** 副助詞　**ウ** 接続助詞　**エ** 終助詞

(5) ——線の助動詞の意味を後から選び、記号で答えなさい。各4点

① 明日は雨になるらしい。
② 彼は先に到着したそうだ。
③ そんな意見は通らない。
④ 頑張って優勝しよう。

ア 伝聞　**イ** 意志　**ウ** 推定　**エ** 否定

(1)		(2)	(3)	(4)	(5)
①	⑥	①	①	①	①
②	⑦	②	②	②	②
③	⑧	③		③	③
④		④		④	④
⑤		⑤			

教科書ぴったりトレーニング
〈光村図書版・中学国語2年〉

解答集

この解答集は取り外してお使いください。

見えないだけ

p.6 ぴたトレ1

1 ①イ ②ア

2 ①口語自由詩 ②二

3 ①体言止め ②対句 ③擬人法

p.7 ぴたトレ2

1 (1)イ (2)イ (3)もっと青い空／もっと大きな海／優しい世界／美しい季節／新しい友だち（順不同）

アイスプラネット

p.8 ぴたトレ1

1 ①したく ②こうがい ③ろくじょう ④ふにん ⑤かんげい ⑥ゆいいつ ⑦ようち ⑧あや ⑨あし ⑩かんちが ⑪わくせい ⑫と ⑬ふ ⑭ゆうべん ⑮きょくたん ⑯さび ⑰とつぜん ⑱あわ ⑲にぎ ⑳おおまた ㉑ふうとう ㉒は ㉓つ

2 ①イ ②ア

3 ①悠太 ②ぐうちゃん ③母／父（順不同）

4 エ→ア→ウ→イ

p.9 ぴたトレ2

1 (1)本名…津田由起夫　あだ名…ぐうちゃん
(2)例長いこと「ぐうたら」しているから。
(3)ア

p.10～11 ぴたトレ3①

1 (1)アナコンダ
(2)例細い目をめいっぱい見開いている表情。
(3)例長く太くなりすぎて、蛇行するには地球の重力が負担になったから。
(4)ウ
(5)ア
(6)例三メートルのナマズがいるというありえない話をされて、自分が小学生ぐらいに扱われていると感じたから。

2 ①郊外 ②赴任 ③雄弁 ④詰

考え方

1 (1)この日の話のテーマがアナコンダである。「僕」もアナコンダのことは知っていたので、ぐうちゃんの問いにすぐに答えている。
(2)「その表情」の「その」という指示する語句（指示語）が指し示している内容を押さえる。
(3)アナコンダが陸上で生活できなくなった理由を説明している「ぐうちゃん」の言葉から読み取ろう。
(4)「ありえねえ。」を含む会話文では、人間のことではなく、馬のことを話している。「そんな大きな口は開けられないだろ。」というのも、体重が五百キロもある馬を飲み込めるような口は開けられないだろ、という意味で言っている点を押さえる。

(5)――線⑤の直前に、「力の籠もった話し方を聞いていると」とある。ほら話だと思いながらも、ぐうちゃんの力の籠もった話し方に取り込まれてしまいそうになっているのだ。そこには、ぐうちゃんの話の「怪しさ」をおもしろいと思っている気持ちも作用しているのだろう。

(6)「ブップー。」という外れの合図らしいのに、「僕」は「まるっきり子供扱いだ。」と気分をそこねている。そのうえに、「三メートルのナマズがいるよ。」というありえない話をされたので、小学生ぐらいに扱われていると感じて「頭にきた」のである。別解としては、「三メートルのナマズなんて、小学生ぐらいしか信じないようなありえない話をされたから。」など、同様の内容であれば正解とする。

読解テクニック

1 (2) **指示する語句の内容は、前の部分に着目する！**
指示する語句（指示語）の内容は、多くの場合その前の部分に書かれているので、まずそこから探すのが鉄則である。また、「どんな表情」と問われたら、答えの文末は必ず「～表情。」と答えなければならないことも押さえておこう。

p.12～13

1 **ぴたトレ3②**

(1)①アナコンダ（五字）／ナマズ（三字）／
氷の惑星（四字）（順不同）
②イ
(2)例（ぐうちゃんが）言い逃れをしていると思ったから。（十六字）
(3)例自分までほら吹きになってしまったから。
(4)①羨ましいような気がする
②例悠太に悪い影響が出ないかということ。
(5)例「僕」のことでぐうちゃんが責められるのはおかしいと思い、ぐうちゃんがいないことを急に寂しく感じる気持ち。

2 ①勘違　②怪　③封筒　④貼

考え方

1 (1)①「その話」というのは、昨日ぐうちゃんから聞いた話のこと。その話の内容は、――線①の前に書かれている。そこから字数制限に合うように抜き出せばよい。
②僕の話を聞いた後に、吉井と今村が「顔を見合わせ」たこと、「ありえねえ。」「そんなほら話、小学生でも信じないぞ。」などと言ったことから、二人が「僕」の話を本当のことだとは全く信じずに、あきれている様子がうかがえる。

(2)直後の文に着目すればよい。吉井や今村に「証拠見せろよ。」と言われた「僕」は、「そう言われればそうだ。」と思い、ぐうちゃんに「証拠の写真を見せろよ。」と詰め寄ったのだが、ぐうちゃんは、「紙焼きにしないと、……いろいろ見せてあげるよ。」と答えている。「僕」は、それを証拠がないことの言い逃れだと思い、「むっとした」のである。

(3)直後の文にその理由が書かれている。「吉井や今村に話をした分だけ損をした。」だけでなく、二人に全く信じてもらえず「ほら吹きになってしまった」ことを「失敗した。」と思ったのである。

(4)「父」と「母」の思いの違いに着目しよう。
①「父」は、世界のあちこちに行って日本では気がつかないことがいっぱい見えているぐうちゃん（由紀夫君）のことを「羨ましいような気がする」と言っている。
②「母」は「何をのんきなことを言っているの。」と「父」に不満をぶつけ、ぐうちゃん（由紀夫）の気ままな暮らしが、「悠太（僕）」に、悪い影響を及ぼすのではないかと「心配でしかたがない」と言っている。

(5)「僕」は、「僕」のことでぐうちゃんが責められるのは「少し違う気がする」とぐうちゃんを気の毒に思っている。また、「電気の消えたぐうちゃんの部屋」は、ぐうちゃんが部屋にいないことを表している。ぐうちゃんがいつもより少し長い仕事に出たときは気にも留めなかった「僕」だったが、ここでは、ぐうちゃんがいないことが急に寂しく感じられてきたのである。別解としては、「『僕』のことで責められているぐうちゃんを気の毒に思い、ぐうちゃんの不在を急に意識して寂しく感じる気持ち。」など、ぐうちゃんが責められていることへの違和感と、ぐうちゃんがいないことへの寂しい気持ちを落とさずに答えていれば正解とする。

枕草子（まくらのそうし）

p.14

ぴたトレ1

1 ①むらさき ②ほたる ③おもむき ④ね ⑤しも ⑥おど ⑦かたむ ⑧すいしょう ⑨どじょう ⑩はいすい ⑪え

2 ①オ ②ウ ③カ ④エ ⑤イ ⑥キ ⑦ア

p.15

ぴたトレ2

1 (1)ⓐようよう ⓑやまぎわ ⓒなお ⓓおかし
(2)イ
(3)春…明け方　夏…夜

漢字1　熟語の構成

p.16

ぴたトレ1

1 ①とうじょう ②かふく ③けいちょう ④せんと ⑤ばくが ⑥してい ⑦しゅう ⑧せいじょう ⑨しまい ⑩ごくひ ⑪ようし ⑫めいぼ ⑬きにゅうらん ⑭げんこう ⑮はいけい ⑯そし ⑰そぜい ⑱かんき ⑲ほうし ⑳けびょう ㉑ぶあい ㉒しゃきょう ㉓けいはん ㉔におう

2 ①イ ②ア

p.17

ぴたトレ2

1 ①Aイ Bア ②Aエ Bイ ③Aウ Bオ ④Aオ Bエ ⑤Aア Bウ

2 (1)①未 ②不 ③無 ④非
(2)①的 ②化 ③性 ④的

3 ①カ ②ア ③エ ④イ ⑤オ ⑥ウ

考え方

1 それぞれの漢字の構成は、①「寒↔暖」で、対になっている漢字の組み合わせ、②「文を作る」で、下の漢字が「〜を」と目的を示す、③「私が立てる」で、主語と述語の関係、④「海の水」で、上の漢字が下の漢字を修飾している、⑤「停＝止」で、どちらも「とめる」の意味をもつ（似た意味をもつ）漢字の組み合わせ、となる。Bの熟語は、ア「貧↔富」で、対になっている漢字の組み合わせ、イ「心を決める」で、下の漢字が「〜を」と目的を示す、ウ「製＝造」で、どちらも「つくる」の意味をもつ（似た意味をもつ）漢字の組み合わせ、エ「長い所」で、上の漢字「長」（「すぐれる」の意味）が下の漢字「所」を修飾している、オ「県が営む」で、主語と述語の関係、である。

2 (2)①「良心的な価格」、②「貿易の自由化」、③「独自性を生かした製品」、「圧倒的な強さ」などと使う。

クマゼミ増加の原因を探る

p.18

ぴたトレ1

1 ①うか ②と ③けんちょ ④から ⑤ほそう ⑥かんそう ⑦か ⑧さんらん ⑨きゅうみん ⑩もぐ ⑪た ⑫かんわ ⑬れいど ⑭やわ ⑮ねら ⑯ひっす ⑰あ ⑱こうか ⑲ちゅうしょう ⑳いりょう ㉑かべ ㉒げんかん ㉓かた

2 ①イ ②ア

3 ②前提 ④仮説2 ⑤仮説3 ⑥まとめ

p.19

ぴたトレ2

1 (1)ア

(2)クマゼミの～こえること

(3)①大阪市内の公園や大学

②市外の緑地や森林

p.20～21

ぴたトレ3

1 (1)例クマゼミの卵が寒さに弱いこと。

(2)氷点下二～き延びる

氷点下五～なかった（順不同）

(3)①例野外は気温や湿度が変動するから。

②大阪市／枚岡山（順不同）

(4)イ

(5)例実験の結果、クマゼミの卵が寒さに強く、かつての大阪でも十分越冬できたことがわかったから。

(6)例クマゼミの卵は寒さに強いので、冬の寒さの緩和はクマゼミ増加の原因ではないことがわかった。

2 ①舗装 ②乾燥 ③枯 ④必須

考え方

1 (1)［仮説1］の中に「クマゼミの卵は寒さに弱く」と書かれている部分に着目する。これを確かめるために低温の環境にクマゼミの卵を置いたのである。

(2)前の二段落に、二つの実験の内容とその結果について書かれている。それぞれから適切な部分を三十字以内で探し、答えればよい。

(3)①冬の寒さに耐えられるかを調べるには、野外と違って気温や湿度の変動がない実験室での実験だけでは不十分なのである。答えは、「実験室では、気温や湿度の変動がないため。」としても正解。

②野外の「大阪市および大阪市より気温の低い東大阪市の枚岡山（ひらおか）」と書かれているところから、二か所で検証が行われたことが読み取れる。「三字」という字数制限に合わせて抜き出す。

(4)「越冬」という表現に気をつける。冬を越せるかどうかを確かめるためには、短い期間ではなく、ある程度の期間実験する必要がある。

(5)大阪市より気温の低い枚岡山でもクマゼミの卵は問題なく越冬できたという実験の結果から、「クマゼミの卵は寒さに弱く、昔の大阪では冬を越せるものが少なかった。」という仮説が否定されたのである。「クマゼミの卵は寒さに強い」ということを落とさずに答えること。

(6)最後の段落の一、二文目に、仮説を立て、検証してわかったことが述べられている。それぞれの文の重要語句を落とさずにまとめるとよい。別解としては、「クマゼミの卵は寒さに強く、気温上昇がクマゼミ増加の原因ではないことがわかった。」など、「クマゼミの卵は寒さに強い」「気温上昇（寒さの緩和）はクマゼミ増加の原因ではない」という二つのことが押さえられていれば正解とする。

読解テクニック

1 (5)(6)**答えの部分を□で囲み、重要語に印を付ける！**

「簡潔に説明しなさい」「まとめて答えなさい」という設問では、まず答えとなる部分を見つけて□で囲み、重要な言葉に――や○などを付けておく。それらを落とさないように、また長いものは簡潔な表現に変えるなどして、全体をまとめる。

文法への扉1　単語をどう分ける？

p.22

ぴたトレ1

1 ①いかん　②じあい　③よゆう　④そぼく　⑤かんだい
⑥はんざつ　⑦きぐ　⑧さまた　⑨あ　⑩しげ　⑪ひか　⑫ごらく
⑬そんしょく　⑭かんゆう　⑮こんいん　⑯ごうじょう　⑰し
⑱めがみ　⑲てんにょ

2 ①ウ　②ア　③イ

p.23

ぴたトレ2

1 (1)イ・ウ・エ・オ・カ・ク（順不同）
(2)①ほこれる　②美しい　③豊かで

2 (1)イ・オ・カ・キ・ク・ケ・コ・シ（順不同）
(2)私・明日・十歳・妹・祖母・家・予定（順不同）
(3)①ア　②イ　③ウ
(4)①イ　②ア　③エ　④ウ　⑤オ

考え方

1 (1)活用する自立語とは、動詞・形容詞・形容動詞のこと。イ・クが動詞、ウ・カが形容詞、エ・オが形容動詞である。
(2)「豊かで」は言い切りの形が「豊かだ」で形容動詞。

2 (1)活用しない自立語とは、名詞・副詞・連体詞・接続詞・感動詞のこと。イ・ケが接続詞、オ・シが感動詞、カが副詞、キが名詞、ク・コが連体詞である。
(2)「私」は代名詞、「明日・妹・祖母・家・予定」は普通名詞、「十歳」は数詞である。
(3)「すぐに」は程度の副詞、「そっと」は状態の副詞、「全く」は呼応の副詞で「〜ない」などの打ち消しを伴った語句と呼応する。
(4)①「もっと」は程度の副詞、②「前」は普通名詞、③「または」は対比・選択の接続詞、④「この」は連体修飾語にしかならない連体詞、⑤「いいえ」は応答を表す感動詞である。

p.24〜25

ぴたトレ3

1 (1)①涼しい・なで・確かな・感じ（順不同）
②おだやかな・美しい・眺め・楽しかっ・思う（順不同）
(2)①イ　②ア　③イ　④ア
(3)①イ　②ア　③ア　④ア

2 (1)①毎日・私・日記・こと（順不同）
②ベランダ・猫・昼寝（順不同）
(2)①オ　②ウ　③エ　④ア　⑤イ
(3)①ゆっくり　②もっと　③たぶん
(4)①エ　②ウ
(5)①×　②○　③○　④×
(6)①イ　②ア　③エ　④オ　⑤ウ　⑥カ
(7)①感動詞　②接続詞　③動詞　④副詞　⑤名詞　⑥形容動詞
⑦連体詞　⑧形容詞

考え方

1 (1)①「涼しい」は形容詞、「なで・感じ」は、言い切りが「なでる・感じる」になる動詞、「確かな」は、言い切りが「確かだ」になる形容動詞。
②「おだやかな」は、言い切りが「おだやかだ」になる形容動詞、「美しい・楽しかっ」は、言い切りが「美しい・楽しい」になる形容詞、「眺め・思う」は、言い切りが「眺める・思う」になる動詞。
(2)「何を」を必要とするのが他動詞。
(3)補助(形式)動詞・補助(形式)形容詞は、動詞・形容詞の本来の意味を離れて、補助的に意味を添えるもの。補助(形式)動詞には、上の動詞との間に「て」「で」があることが多い。設問を見ると、①イ「置いてある」、②ア「待っている」となっている。補助(形式)形容詞の「ない」は、上の言葉との間に「は」「も」を挟むことができる。設問を見ると、③アは「遅く(は)ない」、④アは「優雅で(は)ない」となり、補助(形式)形容詞だとわかる。

2
(1)①「毎日・日記」は普通名詞、「私」は代名詞、「こと」は形式名詞である。
②「ベランダ・猫・昼寝」は全て普通名詞である。
(3)①「ゆっくり」は状態の副詞、②「もっと」は程度の副詞、③「たぶん」は呼応の副詞。
(4)呼応の副詞の問題。①は下に「〜か」と疑問を表す語があるので「どうして」が、②は下に「〜ない」と打ち消しを伴う語があるので「決して」が当てはまる。
(5)①「小さい」は形容詞。「小さな」であれば連体詞になる。
②「大きな」は連体詞。連体詞と形容詞を区別する問題はよく出題される。形容詞には「――な」という活用形はない、連体詞は活用しない、という二点を押さえておこう。
④「さわやかな」は形容動詞「さわやかだ」の活用したもの。
(6)前後の文がどんな関係でつながっているかで判断する。
(7)①「もしもし」は呼びかけを表す感動詞、②「しかも」は並列・累加を表す接続詞、④「ずいぶん」は程度の副詞、⑤「あちら」は代名詞、⑦「おかしな」は活用しないので連体詞である。

「自分で考える時間」をもとう

p.26

ぴたトレ1

1 ①あ ②かつやく ③かいさい ④まんが ⑤ひなん ⑥けいさい ⑦つなみ ⑧ひがい ⑨しょせき

2 ①イ ②ウ ③エ ④ア ⑤オ

3 ①序論 ②本論 ③結論

p.27

ぴたトレ2

1 (1)編集 (2)ウ (3)ウ

短歌に親しむ／短歌を味わう

p.28

ぴたトレ1

1 ①たく ②かんしょう ③ていねい ④やさ ⑤まき ⑥あざ ⑦さわ ⑧きょうりゅう ⑨すいせん ⑩わ ⑪ゆうぜん ⑫すぐ ⑬いってき

2 ①ウ ②エ ③オ ④ア ⑤イ

p.29

ぴたトレ2

1 (1)薔薇の芽 (2)色彩／長さ（順不同） (3)ウ

p.30〜31

ぴたトレ3

1 (1)A…二句切れ　D…二句切れ　E…三句切れ
(2)①イ ②白鳥
(3)ア
(4)例小さな雲がたくさん空に浮かんでいる、秋らしい情景。
(5)①イ・オ・カ（順不同）
②例君にとっては一日だけの想い出でも、私にとっては一生の想い出なのだという、恋の切ない心情。

2 ①託 ②水仙 ③優 ④一滴

考え方

1 (1)句切れは、短歌の中で句点が打てるところを探せばよい。
(2)①「かなしからずや」の「ず」は打ち消しを表す助動詞で、「悲しくない」という意味になるので、ウは不適切。「や」は疑問を表す助詞で「〜だろうか」という意味なので、打ち消しと疑問の意味に当てはまるものを選べばよい。

②「空の青」と「海のあを」（歴史的仮名遣いでは、「あお」は「あを」となる）の「青色」に対して、白鳥の「白色」を用いて対照的に表現している。また、その対照によって、「空」にも「海」にも染まらずにひとり漂っている「白鳥」の孤独な姿が印象的に浮かび上がっている。

(3)「まっすぐ？」と尋ねる子供の声に、「そうだ、どんどんのぼれ」と応じているが、子供が方向を尋ねたのに対して、単に答えただけだとすると、深みのない短歌になってしまう。ここでは、「のぼり坂」を生きていく道（人生）と捉え、まっすぐな人生を進んでほしいという、作者の願いが込められていると解釈するのが妥当であろう。

(4)秋によく見られる「うろこ雲」や「ひつじ雲」などを、「ぽぽぽぽ」という独特な表現を用いて表している。ここでは、「ぽぽぽぽ」という音から、小さな雲が「ぽぽぽぽ」とたくさん浮かんでいる秋特有の空の情景を答えていれば正解。

(5)①「回れよ回れ」に反復が、「君には一日我には一生」に対句が、結句に「一生」と体言止めが使われている。

②「君には一日我には一生」という対句で「君」と「我」の想いの強さの違いを強調し、恋の切ない心情を表現しているのである。別解としては、「君には一日限りの想い出でも、私には一生の大切な想い出なのだという、恋の切ない心情。」など、「一日」と「一生」の対比と切ない心情に触れていれば正解。

読解テクニック

1 (2)②**「対照的な」は、反対の意味・性質などをもつ言葉に着目！**

「対照的な存在」「対照的に描かれているもの」を答える場合は、その元の言葉の意味や性質を押さえ、それとは反対の、あるいははっきりした違いのある言葉を探そう。短歌や俳句では、そのコントラストを生かした作品も多い。

言葉の力

p.32

ぴたトレ1

1 ①ごい ②あわ ③ひ ④はな ⑤につ ⑥のうり ⑦せいずい

2 ①エ ②ク ③ケ ④キ ⑤オ ⑥カ ⑦ア ⑧イ ⑨ウ

3 ①言葉 ②桜色 ③一語一語

4 ①樹木（大きな幹） ②人間

p.33

ぴたトレ2

1 (1)イ (2)言葉 (3)ア

言葉1 類義語・対義語・多義語

p.34

ぴたトレ1

1 ①さ ②かさ ③ふうりん ④ぶたにく ⑤こうにゅう ⑥れんか ⑦しんし ⑧じっせん ⑨しんちょう ⑩けいそつ ⑪がいねん ⑫きく ⑬なべ ⑭えんぴつ ⑮じゅよう

2 ①ウ ②エ ③ア ④オ ⑤イ

p.35

ぴたトレ2

1 ①コ ②ク ③オ ④カ ⑤ア ⑥ケ ⑦エ ⑧キ ⑨ウ ⑩イ

2 ①コ ②オ ③エ ④ク ⑤ケ ⑥ア ⑦ウ ⑧キ ⑨カ ⑩イ

3 (1)①とる ②かかる (2)①エ ②イ ③ア ④ウ

考え方

3 (1)①「責任をとる」の「とる」は、「自分の身に負う」意味で「取る」と書く。「打球をとる」の「とる」は、「しっかりと捕まえる」の意味で「捕る」と書く。「きのこをとる」の「とる」は、「集め収める」の意味で「採る」と書く。
②「エンジンがかかる」の「かかる」は、「機械などが作用する」の意味で「掛かる」と書く。「優勝がかかる」の「かかる」は、「とり合う目的物になる」意味で「懸かる」と書く。「空に虹がかかる」の「かかる」は、「一方から他方へ渡した状態になる」意味で、「架かる」と書く。
(2)「甘い」には他に、塩気が少ない意味（例甘いみそ）、刃の切れ味が悪い意味（例包丁が甘い）などがある。

翻訳作品を読み比べよう

p.36

ぴたトレ1

1 ①ほんやく
2 ①キ ②カ ③イ ④エ ⑤ウ ⑥オ ⑦ア
3 ①僕 ②王子さま
4 ①他の言語 ②フランス語／日本語 ③意図／内容／言葉

p.37

ぴたトレ2

1 (1)イ
(2)①内藤濯 ②天から落ち
(3)ア

盆土産（みやげ）

p.38

ぴたトレ1

1 ①ぼん ②つ ③びんかん ④とうとつ ⑤つ ⑥いろり ⑦にご ⑧いちじる ⑨あ ⑩つぶ ⑪くだ ⑫だえき ⑬わんきょく ⑭つぶ ⑮は ⑯さく ⑰れいとう ⑱こ ⑲ちみつ ⑳しょうじん ㉑ふめいりょう ㉒しょくたく ㉓がけ ㉔しゃしょう
2 ①ア ②イ
3 ②父親 ③姉 ④祖母
4 盆／えびフライ

p.39

ぴたトレ2

1 (1)例父親の工事現場で事故でもあったのではないかと思ったから。
(2)ウ
(3)ア

p.40〜41

ぴたトレ3①

1 (1)ウ
(2)ア
(3)例塊を拾おうとすると指先がひりっとしたこと。（二十一字）
(4)軽くて、と
(5)約九時間
(6)例（えびフライは）冷凍食品だったから。
(7)例普段いっしょにいてあげられない家族に、珍しいえびフライを食べさせて喜ばせたいと思ったから。
2 ①訂正 ②串焼 ③濁 ④明瞭

考え方

1 (1)この後に、「ぶっかき氷にしては不透明で白すぎる」「なにやら砂糖菓子のような塊」と描写しているところから、この時点ではドライアイス自体を知らなかったことが推測される。
(2)「砂糖菓子のような塊」がドライアイスだと教えてもらうのは、これより後のことで、この時点では姉もこれが何なのかわかっていない。しかし、土産の紙袋の中に入っていたので、少年と同じように父親の土産で食べられるものと考えていたのである。
(3)最初にびっくりしたのは、紙袋の口を開けたときに氷が盛んに湯気を噴き上げていたこと。そして、次にびっくりしたのは、紙袋から飛び出した塊を拾おうとしたときに起きたことである。「そいつのほうから指先に吸い付いてくる」ともあり、これにもびっくりしただろうが、二度目に驚いたことではない。別解としては、「塊にさわったときに指先がひりっとしたこと。」（二十一字）など、ドライアイスに触れたことと、指先がひりっとしたことの両方が記述されていれば正解。

(4)父親の話の中で、最初にドライアイス自体の説明がされ、そのあとドライアイスの利点が説明されている。「跡形もなくなる」ということではなく、「軽くて、とけても水にならない」という、紙袋に入った土産を冷やすのに適した利点を押さえる。

(5)父親の話の中で、「東京の上野駅から近くの町の駅まで」がおよそ八時間、そこからバスに乗り換えて「村にいちばん近い停留所」まで一時間とあることから、少なくとも九時間は乗り物に乗っていることになる。

(6)同じ文に、「箱を取り出してみて、初めてわかった。」とある。その箱の蓋に「冷凍食品」と書いてあり、家に帰るまで、凍っている状態を保つ必要があったのである。「生ものだったから。」という答えでも正解。

(7)夜行で帰ってくるのだから、本来ならば乗り物の中ではゆっくり寝ていたいはずである。その眠りを寸断しながらも、えびを凍ったままにしておくために何度もドライアイスを紙袋に入れ直していた父親の心情を想像しよう。この後に、父親が「満足そうに」えびのことを子供たちに話している描写からも、家族に対する思いが伝わってくる。普段は東京で働き、少年や姉、祖母といっしょに過ごす時間の少ない父親は、家族にとって珍しく、おいしいえびフライを食べさせて喜ぶ姿が見たいという強い思いがあったことを押さえる。別解としては、「珍しいえびフライを食べさせて、普段はいっしょに過ごせない家族の喜ぶ姿を見たかったから。」など、同様の内容であれば正解。

読解テクニック

1 (3)**「〜字程度」での答えは、指定字数に近い字数で答える。**
「〜字程度」と指定されていたら、そのプラスマイナス二字の範囲内で答えるのがベスト。少なすぎたり多すぎたりしては、減点や誤答となるので注意しよう。

p.42〜43

ぴたトレ3②

1
(1)えびフライ
(2)ウ
(3)谷間はすでに
(4)例父親との別れのときが近づいて悲しくなったから。（二十三字）
(5)こちらの頭
(6)例少年が突然「えんびフライ」と言ったこと。
(7)例家族のことを思いやり、温かい愛情を注いでいる人物。（二十五字）

2
①塊　②蓋　③偉　④緻密

考え方

1 (1)祖母の言葉を聞いて、少年は、祖父や母親が生きているうちに食べたかどうかを考えたのだ。「うまいもの」とは、昨夜の食卓に出てきたものである。

(2)「あんなにうまいもの」とあることから、少年も昨夜えびフライを食べたことがわかる。そして、祖父と母親は生きているうちに、えびフライなど食べたことがあったろうか、食べなかったのではなかろうかと想像し、おいしいえびフライを自分たちだけが食べたことに、後ろめたい気持ちがわいてきたのである。

(3)辺りの情景を描写している文を探そう。「日がかげって」と「河鹿が鳴き始めて」（河鹿は、夕方から明け方にかけて鳴く）という描写が、「夕方」である情景を表現している。また、この描写は、父親との別れの時間が迫った少年の寂しい気持ちも表している。

(4)「しゃくり上げる」とは、声を飲み込むようにして肩を震わせて泣くこと。直前の父親の言葉を踏まえ、少年がこのように悲しい気持ちになる理由を考えよう。別解としては、「父親と別れなくてはならないことがつらいから。」（二十二字）など、「父親との別れ」のことと、「悲しい」「寂しい」「つらい」などの気持ちを表す表現を押さえて答えていれば正解。

(5)直前の父親の言葉の前に書かれている。少し手荒いが、これも一種の愛情表現であろう。

(6)父親はなぜ驚いたのか、その理由を考える。黙っていた少年が発した言葉が、別れを惜しむ言葉でも、帰りを待っているといった言葉でもなく、あまりにも突拍子な「えんびフライ」だったので驚いたのである。ユーモラスな描写の中にも親子の情愛が感じられる部分である。

(7)「こんだ正月に帰るすけ、もっとゆっくり。」という言葉や、「ちゃんと留守してれな。」と言いながら少年の頭を揺さぶったこと、少年の突拍子もない「えんびフライ」という言葉に、「わかってらぁに。また買ってくるすけ……。」と返していることなどから、父親の家族に対する深い愛情がうかがえる。別解としては、「家族に対する深い愛情と思いやりをもっている人物。」（二十四字）など、家族に対する父親の思いが入っていれば正解とする。

読解テクニック

1 (3) **情景を読み取るには、情景を表す言葉を◯で囲む！**

小説では、人物の言動や心情を直接表した部分の他に、その場面の情景を描写することで、人物の心情を間接的に表した部分がある。情景を表す言葉を◯で囲み、情景をしっかりつかむとともに、そこに表現されている人物の心情も的確に捉えよう。

字のない葉書（はがき）

p.44 ぴたトレ1

1 ①どの ②あいさつ ③しょう ④ぎょうぎ ⑤はだぎ ⑥ぬ ⑦ぞうすい ⑧もち ⑨は ⑩しか ⑪さけ

2 ①オ ②ウ ③エ ④ア ⑤カ ⑥キ ⑦イ

3 ①父 ②下の妹（末の妹）

4 イ→ア→ウ

p.45 ぴたトレ2

1 (1)終戦の年の (2)ア (3)ウ

言葉2 敬語

p.46 ぴたトレ1

1 ①うかが ②らいひん ③こうい ④けんじょう ⑤ほうめい ⑥おん ⑦ぐけん ⑧へいしゃ ⑨せっちょ ⑩そしな ⑪ろ ⑫はいかい

2 ①オ ②ウ ③カ ④ア ⑤キ ⑥イ ⑦エ

p.47 ぴたトレ2

1 (1)①ウ ②ア ③ウ ④イ ⑤ア ⑥イ ⑦ウ ⑧イ ⑨ア
(2)①いただき ②ご覧になって（ご覧） ③ございます（あります） ④おっしゃった（言われた）
(3)ウ
(4)①ア ②ウ ③ア ④ウ

考え方

1 (1)①この場合の「伺う」は「行く」の謙譲語である。

③「拝見する」は「見る」の謙譲語である。
④尊敬語「召しあがる」の命令形である。
⑥この場合の「いらっしゃる」は「来る・行く」の尊敬語である。
(2)③「ある」+「ます」の形「あります」でも正解。
(3)アの「いただいて」は、「召しあがって」が正しい。イの「おっしゃって」は、「申して」が正しい。このように身内のことを話す場合は、謙譲語を用いる。エは「お帰りになる」でよい。「お帰りになられる」のように敬語を重ねすぎない。
(4)①と②は謙譲語、③は丁寧語、④は「お～になる」という形の尊敬語。謙譲語の「お～する」と混同しないように注意する。

漢字2 同じ訓・同じ音をもつ漢字

p.48

ぴたトレ1

1 ①らくのう ②かんがい ③しんし ④ふくし ⑤かね ⑥い
⑦かんしょう ⑧へいこう ⑨きょうじゅ ⑩きせき ⑪はいぜん
⑫かいそう ⑬せっしゅ ⑭じょうぞう ⑮めんるい
⑯じゅうてん ⑰かさく ⑱おうとつ ⑲ぼきん ⑳かじょう
㉑は ㉒かえり ㉓あらわ ㉔お

2 ①イ ②ア

p.49

ぴたトレ2

1 ①aウ bイ cア ②aウ bア cイ ③aウ bア cイ

2 (1)①ア ②ア ③イ ④ア ⑤イ ⑥イ
(2)①a不要 b不用 ②a絶対 b絶体 ③a週間 b習慣

考え方

1 (1)①a「採る」は「集め収める」意味。「採集」という熟語がある。b「執る」は「手にもって使う」意味。「執筆」という熟語がある。c「撮る」は「写真を写す」意味。「撮影」という熟語がある。

②a「溶く」は「固まっているものを液状にする」意味。「溶液」という熟語がある。b「解く」は「よく考えて答えを出す」意味。「解読」という熟語がある。c「説く」は「よくわかるように話して聞かせる」意味。「説諭」という熟語がある。
③a「要る」は「必要とする」意味。「要望」という熟語がある。b「煎る」は「火にかけて水分がなくなるまで熱する」意味。「煎茶」という熟語がある。c「射る」は「弓につがえて矢を放つ」意味。「射的」という熟語がある。

2 (1)①ア「対照」は「照らし合わせること」。イ「対称」は「つり合うこと」。
②ア「過程」は「物事が変化・発展して結末に至るまでの道筋」。イ「課程」は「修得するために割り当てられた学習内容の範囲」。
③ア「正気」は「意識が正常である状態」。イ「勝機」は「戦いや試合に勝てる機会」。
④ア「喚起」は「注意や行動などを呼び起こすこと」。イ「換気」は「汚れた空気を出し、新鮮な空気と入れ換えること」。
⑤ア「校正」は「比べ合わせて文字の誤りを正すこと」。イ「構成」は「いくつかの部分を、あるまとまったものに組み立てること」。ここでは、下の「工夫する」につながるものを選ぼう。
⑥ア「解放」は「束縛を解いて、自由な行動ができるようにすること」。イ「開放」は「制限を設けず、自由に出入りできるようにすること」。
(2)①a「不要」は「そのものがなくても困らないこと」。b「不用」は「役に立たないこと」。
②a「絶対」は「間違いなく。必ず」の意味。b「絶体」は、この四字熟語でのみ使われる。「絶対絶命」と書き誤りやすいので覚えておこう。

モアイは語る――地球の未来

p.50

ぴたトレ1

1 ①きょだい ②ことう ③ぼうだい ④なぞ ⑤さいばい ⑥ぎょうかいがん ⑦たいてい ⑧うんぱん ⑨たいせき ⑩じょじょ ⑪たきぎ ⑫ほうき ⑬しんしょく ⑭こうそう ⑮ひんぱつ ⑯ほうかい ⑰こうじょうか ⑱きが ⑲しっこく ⑳じごく ㉑ぎんみ ㉒はあく ㉓いっち

2 ①イ ②ア

3 ①人間の顔／石像 ②イースター島

4 ①結論 ②本論 ③序論

p.51

ぴたトレ2

1 (1)イ

(2)例(膨大な数の)モアイを誰が作ったのか。
例(巨大な)モアイをどうやって運んだのか。
例モアイはなぜ作られなくなったのか。
例モアイを作った文明はどうなったのか。(順不同)

(3)例地球の未来を考えるうえで、大きな問題を投げかけているから。

p.52〜53

ぴたトレ3

1 (1)それにして

(2)絶海の孤島の巨像を作ったのは誰か。

(3)例墓の中の化石人骨の分析。
例ヒョウタンなどの栽培作物の分析。(順不同)

(4)イ

(5)①石切り場(四字) ②石器(二字)

(6)ウ

(7)例ポリネシア人が移住したころの土の中から、大量のヤシの花粉が発見されたことから、それ以前のイースター島にはヤシの森が存在したことが判明した。

2 ①膨大 ②放棄 ③頻発 ④崩壊

考え方

1 (1)前半ではモアイを作った人とモアイとの関係について述べられており、後半では、モアイの運搬の方法とそれに必要な木材について述べられている。

(2)主語の「それは」に対して述語が「ポリネシア人である」となる。この述語は、段落初めの「絶海の孤島の……誰か。」という問いの答えであることを押さえると、「それ」は問い自体を指し示していることがわかる。

(3)「判明した」と同じような意味を表す「明らかになったのだ」という言葉で結ばれている一文に着目する。

(4)この時期の特徴として、「遺跡の数も急増し」「人口が急激に増加を始めた」と述べられていることもあわせて考えよう。巨大なモアイが製造され、遺跡が急増し、人口が増加したということは、その文明が繁栄していたことの証拠である。

(5)直前の段落に着目する。「ラノ・ララクとよばれる石切り場で作られた。」とあり、その理由として、「モアイを作るのに適した軟らかい凝灰岩が露出していた」ことが述べられている。また、「硬い溶岩や黒曜石でできた石器を使って」削り出したことも述べられているので、これらから四字以内の言葉で答えればよい。

(6)イースター島の人々にとって、モアイは「祖先神であり、守り神だったからだと考えられる。」とある。次の文の「モアイの目に見守られながら生活していたのであろう。」とあわせて考える。

(7)同じ段落の最後の二文に、発見したことと判明したことが述べられているので、ここをまとめればよい。別解としては、「人が移住した五世紀頃の土の中から、ヤシの花粉が大量に発見されたことから、ヤシの運搬に必要な木材が存在していたことが判明した。」など、同様の内容であれば正解とする。

読解テクニック

1 (2) **一文を抜き出す場合は、句点を落とさない！**

「一文」には句点も含まれている。だから、「一文を抜き出しなさい。」という問題では、句点を落とさず答えなければ減点、もしくは不正解となる。うっかりミスをしないように注意しよう。

音読を楽しもう　月夜の浜辺

p.54

ぴたトレ1

1 ①かまくら ②こふん ③じんとう ④かいたく ⑤しゅりょう
⑥ぼっぱつ ⑦こんせき ⑧おくびょう ⑨かいしょ
⑩ていたく ⑪がいこつ ⑫がいとう ⑬いしょく ⑭じゅばく
⑮しさ ⑯せいぼ ⑰いしょう ⑱かみわざ ⑲ばくろ ⑳しの

2 ①イ ②ウ ③ア

p.55

ぴたトレ2

1 (1)おちていた
(2)例波打ち際に落ちていたボタン。
(3)ウ
(4)ウ

音読を楽しもう　平家物語

p.56

ぴたトレ1

1 ①あらわす ②ついには ③ひとえに

2 ①オ ②ウ ③エ ④ア ⑤イ

p.57

ぴたトレ2

1 (1)諸行無常
(2)イ
(3)盛者／たけき者（順不同）
(4)風の前の塵に同じ

扇の的――「平家物語」から

p.58

ぴたトレ1

1 ①おうぎ ②わず ③とつじょ ④ふね ⑤ぼう ⑥たづな
⑦ただよ ⑧やおもて ⑨うら ⑩た ⑪いつわ ⑫さんき
⑬ちょうしょう

2 ①イ ②ウ ③オ ④ア ⑤エ

p.59

ぴたトレ2

1 (1)むこう
(2)陸には源氏、くつばみを並べてこれを見る。
(3)ウ
(4)これを射損ずる

p.60〜61

ぴたトレ3

1 (1)ⓐしずみぬ ⓑたえざる ⓒおどし
(2)ひいふつ（と）／ひやうふつ（と）（順不同）
(3)①ウ
②夕日のか〜れければ
(4)あまりの〜ざるにや
(5)①ウ
②例舞を舞っている男を射よ。
(6)源氏方
(7)例自分の腕前に感動して舞を舞っている男を、義経の命令とはいえ、非情にも射倒したから。

2 ①僅（僅） ②突如 ③手綱 ④嘲（嘲）笑

考え方

1 (1)ⓐ「づ」は「ず」となる。ⓑ語頭以外の「は・ひ・ふ・へ・ほ」は「わ・い・う・え・お」になる。ⓒワ行は「ワ」と助詞の「ヲ」以外はア行となる。

(2)「音」を表している言葉が擬音語である。「ひいふつ」「ひやうふつ」のどちらも矢が飛んで的に当たった「音」を表現している。間違いやすいものに「さつと」があるが、これは射切られて飛んだ扇が海へ散っていく様子を表した「擬態語」である。現代語であれば、擬音語の例として「ごろごろ」（雷が鳴る）、「どかどか」（足音が聞こえる）などが、擬態語では「よろよろ」（歩く）、「ふわふわ」（舞い落ちる）などがある。

(3)①直前の「虚空にひらめきける」「春風に一もみ二もみもまれて」も、全て同じ主語である。与一が射切った扇が空へ舞い上がり、それが海へ落ちていく様子を表現している。

②夕日に輝く白い波の上を、金の日輪を描いた真っ赤な扇が漂い、浮きつしずみつ揺れているという、白と赤の対比を押さえる。

(4)第二段落の初めの部分に着目し、十九字という字数制限をヒントに探せばよい。「年五十ばかりなる男」は、平家方の男であるが、与一が扇を射切ったその腕前の見事さに、感に堪えなかった（＝非常に感動した）のであろうと述べている。

(5)①与一に言ったのは、義経の重臣である伊勢三郎義盛だが、自分が下す命令なら「御定（御命令）」と敬語を使うはずはない。自分より位の高い人間、つまり、源氏の大将である義経が下した命令なのである。

②その後の与一の行動から読み取る。与一は、舞を舞っていた男を射倒しているので、命令は「男を射よ。」という意のことだったとわかる。

(6)前の文に「平家の方には音もせず」とある。あまりのことに平家方はしいんと静まりかえっていたのであるから、「あ、射たり。」と言ったのは、与一と同じ源氏方の武士なのだとわかる。

(7)(4)で述べたように、舞を舞ったのは平家方の男である。敵であるにもかかわらず、扇を射切った与一の腕前の見事さに感動して舞っていたのであるが、その男を与一は射倒したのである。この「情けなし。」とは与一と同じ源氏方の人間の言葉。いくら敵の平家方の人間といえども、腕前に感動して舞っている男を射るのは、あまりに非情と感じたのであろう。ここには戦いの非情さや残酷さ、源氏方と平家方の価値観の違いなども感じられる。なお、別解としては、「自分の腕前を賛美して舞っている男を、非情にも射殺したから。」など、与一の非情さを非難している内容が書かれていれば正解。

仁和寺にある法師――「徒然草」から

p.62 ぴたトレ1

1 ①するど　②まさ

2 ①カ　②ウ　③ケ　④ア　⑤エ　⑥イ　⑦ク　⑧コ　⑨オ　⑩キ

p.63 ぴたトレ2

1 (1)ⓐあやしゅう　ⓑものぐるおし

(2)イ

(3)①心にうつりゆくよしなし事

②あやしうこそものぐるほしけれ。

p.64〜65 ぴたトレ3

1 (1)ア

(2)ウ

(3)仁和寺にある法師

(4)極楽寺・高良など

(5)例石清水を拝むこと。（九字）

(6)①極楽寺・高良など。
②石清水
(7)ア
(8)石清水
(9)例参拝する人が山に登る理由。
(10)イ
(11)例自分勝手に判断すると、思わぬ失敗をすることがある。
(二十五字)

2

①鋭　②妙　③心騒　④勝

考え方

1

(1)「ざり」は打ち消しを意味する助動詞「ず」の連用形。「ば」は、ここでは原因や理由を意味する接続助詞。「…ので。」

(2)「心うし」というのは形容詞で、「情けない。つらい」などの意味である。「覚え」(「覚ゆ」の連用形)は現代語の「覚える」とは違い、「思われる。感じられる」という意味なので注意しよう。

(3)その前にある「覚えて」「思ひたちて」も同じ主語である。それぞれの動詞に共通する主語を探そう。

(4)「か」が「これ」という指示する語句に当たる。指示する語句の指し示す内容は直前に述べられていることが多いのは古文でも同じ。ここでは「極楽寺・高良などを拝みて」という記述に着目する。

(5)仁和寺にいる法師が長年思っていたことは文章の冒頭に書かれている。そのことをぜひ実現したいと思い立って、実際に参拝に出かけたのである。

(6)①前の段落に「極楽寺・高良などを拝みて……帰りにけり。」とある。極楽寺・高良は、山の麓にある付属の神社。法師はそこだけしか見ていないので、「尊くこそおはしけれ」と思ったのもこの麓の神社のことである。

②法師は、極楽寺・高良などのことを、長年拝みたいと思っていた石清水(八幡宮)だとすっかり思い込んだのである。法師自身が思っていることと事実が異なっている点に着目しよう。

(7)「ごと」は「どの〜もみな」を意味する接尾語である。

(8)法師以外の人々は、本来の目的、つまり、石清水に参るために山へ登ったのである。

(9)古語の「ゆかし」は、好奇心をもち、そのものに心がひかれる状態を示す言葉である。「見たい」「行きたい」「読みたい」など、文脈によってさまざまな意味に訳されるが、ここでは「参りたる人ごとに山へ登りしは、何事かありけん」と法師が気になったことが書かれている。このことについて「知りたい」という好奇心がわいてきたのである。

(10)直前に「神へ参るこそ本意なれと思ひて」とあることに着目する。法師は、極楽寺・高良などを拝んで、石清水を参拝できたと勘違いし、本来の目的を果たしたと思い込んでいる。だから、山に登る必要はないと判断したのである。

(11)「先達」とは、ここでは「先導者。案内人」の意味。この作品では、法師が一人で勝手に思い込んでしまったために、長年の願いをかなえることができなかった失敗談が書かれている。「先達」が必要だという教訓は、この話のどんなところに当てはまるのかをまとめよう。別解としては、「誰にも相談せずに行動すると、失敗することがある。」(二十四字)など、相談することなく、一人で判断したり、行動したりすると失敗を招くことが書かれていれば正解とする。

読解テクニック

1 (1)(2)(7)**現代語の意味は、言葉を文節に分けて当てはめる!**

現代語の意味が問われた場合は、文節ごとに分けて、それぞれの言葉の意味を考え、選択肢と照らし合わせる。「形容詞」「動詞」など、品詞ごとに選択肢と見比べるとわかりやすい。

p.66

漢詩の風景

ぴたトレ1

1 ①あかつき ②ねどこ ③ぞくじん ④へいぼん ⑤ふんいき
⑥し ⑦し ⑧また ⑨しず ⑩ろうかく ⑪ろうにん
⑫きゅうれき

2 ①ウ ②ア ③キ ④カ ⑤エ ⑥イ ⑦オ

p.67

ぴたトレ2

1 (1)五言絶句
(2)イ
(3)あちらでもこちらでも鳥の声が聞こえます。
(4)明るくのどかな気分

君は「最後の晩餐(ばんさん)」を知っているか／「最後の晩餐」の新しさ

p.68

ぴたトレ1

1 ①かいぼう ②りくつ ③しょうげき ④しばい ⑤すいもん
⑥でし ⑦けい ⑧ようぼう ⑨せま ⑩きわ ⑪は ⑫しきさい
⑬すで ⑭りんかく ⑮かんたん

2 ①ウ ②エ ③イ ④ア ⑤オ

3 ①レオナルド・ダ・ヴィンチ ②十五 ③イタリア

4 ①解剖学 ②遠近法 ③明暗法

p.69

ぴたトレ2

1 (1)①解剖学／遠近法／明暗法（順不同）
②科学が生み出した新しい芸術
(2)衝撃

p.70〜71

ぴたトレ3

1 (1)①解説 ②評論
(2)①B ②A ③B ④A
(3)A
(4)静けさを保つキリスト
(5)人物は、三人
(6)例Aは評論で、作品から感じ取ったことを中心に主観的に表現しているが、Bは解説で、過去の作品との比較を通して客観的に分析している。

2 ①衝撃 ②容貌 ③狭 ④既

考え方

1 (1)もう少し詳しく説明すると、「解説」は、事実や物事を分析し、主観を交えずわかりやすく説明するもので、「評論」は、学問・芸術や社会一般の出来事などの価値や優劣について、主観的に批評して論じるものである。
(2)Aの文章では、「まるで〜のようだ。」「そんなことが感じられる。」というように、筆者自身が感じたことを中心に（主観的に）述べられている。一方、Bの文章では、過去の作品との比較を通して、事実（構図の変化など）が客観的に述べられている。
(3)Aの文章では、「まるで芝居の……ようだ」、「静かな水面に……広がるように」と比喩が用いられている。
(4)「落ち着き払った」が「静けさを保つ」と表現されている点を読み取る。
(5)「三人ずつ」という、配置について述べている文を探せばよい。「人物の配置について述べている一文」なので、「食卓の向こうにいる十三人の男。」は間違い。
(6)(1)(2)を参考にまとめる。Aは自分の見方を中心に（主観的に）作品を評価している評論であり、Bは客観的な観点から過去の作品と比較し分析している解説であるという点が相違点である。別解としては、「Aは評論で、Bは解説であり、Aは作品から感じ取ったことを主観的に表現しているが、Bは過去の作品との比較を通して、客観的に分析したことを表現している。」など、「評論と解説」「主観的と客観的」という相違点を押さえていれば正解。

文法への扉2 走る。走らない。走ろうよ。

p.72

ぴたトレ1

1 ①どうくつ ②しょう ③しんじゅ ④めいおうせい ⑤ちっそ
⑥みさき ⑦きゅうりょう ⑧つる ⑨おに ⑩やなぎ
⑪しつじゅん ⑫ぶんぴつ ⑬はんよう ⑭ひよく ⑮ちの
⑯あざ ⑰ゆえ ⑱おもかげ

2 ①イ ②ア ③ウ

p.73

ぴたトレ2

1 (1)①ウ ②ア ③エ ④オ ⑤ア ⑥イ ⑦オ
(2)①A上一段活用 B連用形 ②Aサ行変格活用（サ変） B未然形
③A五段活用 B連用形 ④A五段活用 B終止形
⑤Aカ行変格活用（カ変） B命令形
(3)①連用形 ②終止形 ③連体形 ④仮定形
(4)①連体形 ②終止形 ③連用形 ④仮定形

考え方

1 (1)それぞれ、——線の動詞の後に「ない」を付けてみて、直前がどの段になるかで判断する。ただし、カ行変格活用は「来る」の一語、サ行変格活用は「する」と「する」が付く動詞のみである。
(2)①言い切りが「似る」で、語幹のない上一段動詞。「似てる」ではないので注意。③「進ん」は、「進み」（五段活用動詞「進む」の連用形）の「み」が「ん」に変化した撥音便である。⑤ここで文が終わっているが、文の意味を考えれば、終止形ではなく、命令形であることがわかる。

(3)形容詞の活用は「かろ／かっ・く／い／い／けれ／○」で、命令形がない。
(4)形容動詞の活用は「だろ／だっ・で・に／だ／な／なら／○」と「でしょ／でし／です／（です）／○／○」の二種類で、形容詞と同じく命令形がない。しっかり覚えよう。

p.74~75

ぴたトレ3

1 (1)①—し ②—せ ③—き ④—きろ ⑤—め ⑥—めれ
⑦—かろ ⑧—なら
(2)①ウ ②ア ③イ ④オ ⑤エ
(3)①Aイ Bカ ②Aア Bエ ③Aエ Bイ ④Aウ Bオ
⑤Aウ Bア ⑥Aオ Bウ
(4)①書い ②済ん ③誘っ ④転ん
(5)①手伝える ②着ける ③使える
(6)①オ ②エ ③ウ ④ア ⑤イ ⑥エ ⑦ア ⑧ウ ⑨オ ⑩イ

考え方

1 (1)①「話す」の連用形は「話し」だけである。
(2)——線の動詞の後に「ない」を付けて、直前がどの段になるかで判断する。ア段なら五段活用、イ段なら上一段活用、エ段なら下一段活用。なお、カ行変格活用は「来る」のみ、サ行変格活用は「する」と「する」が付く動詞のみであることを覚えておく。
(4)五段活用の動詞の連用形に「た」や「て」が続くと、発音しやすいように音が変化する「音便」が起こる場合がある。音便には「い」に変化するイ音便、「っ」に変化する促音便、「ん」に変化する撥音便がある。
①は「書き＋た」が「書い＋た」に変化したイ音便、②は「済む＋だ」が「済ん＋だ」に変化した撥音便、③は「誘い＋て」が「誘っ＋て」に変化した促音便、④は「転び＋で」が「転ん＋で」に変化した撥音便。

(5)可能動詞とは、「……できる」という意味を含んだ動詞のこと。五段活用の動詞が転じて下一段活用になる。また、可能動詞には命令形がない。
①は「手伝うことができる」意味の「手伝える」、②は「着くことができる」意味の「着ける」、③は「使うことができる」意味の「使える」となる。

研究の現場にようこそ

p.76

ぴたトレ1

1 ①ぜつめつ ②ほにゅうるい ③ごうか ④ともな ⑤げん ⑥くとう
2 ①ウ ②エ ③ア ④イ ⑤オ
3 ①化石 ②クモ
4 ①研究室／取材／野生 ②クモの糸／弦

p.77

ぴたトレ2

1 (1)①バイオリン ②クモの糸のひも
(2)つい喜び
(3)例バイオリンの正規の音程のレベル。

走れメロス

p.78

ぴたトレ1

1 ①じゃちぼうぎゃく ②はなよめ ③けんしん ④けいり ⑤みけん ⑥むく ⑦いのちご ⑧いっすい ⑨さいだん ⑩しょうがい ⑪よ ⑫わ ⑬はんらん ⑭くる ⑮あお ⑯な ⑰いもむし ⑱しんく ⑲あざむ ⑳みにく ㉑しし ㉒ふうてい ㉓うら ㉔ほうよう
2 ①ア ②イ
3 ①メロス ②ディオニス ③セリヌンティウス
4 エ→ウ→イ→オ→ア

p.79

ぴたトレ2

1 (1)生意気なこ～いものさ。
(2)ア
(3)イ

p.80～81

ぴたトレ3①

1 (1)ああ、そ～もいい。
(2)セリヌンティウス
(3)呼吸もできず
(4)ア
(5)例メロスのことを信じていたから。
(6)ウ
(7)例信頼に誠実に応えるという、人として大切な気持ち。(二十四字)
2 ①花婿 ②承諾 ③拳 ④隙

考え方

1 (1)直後の会話文の後に、それを聞いたメロスの思いが書かれている。「その男」を死なせてはならない、遅れてはならぬ、風体など気にせずに急げ、という強い思いである。
(2)「あの男も、はりつけにかかっているよ。」と言っていることから、はりつけにかけられるのは誰かを考える。後の部分で、セリヌンティウスの弟子、フィロストラトスが「ちょうど今、あの方が死刑になるところです。」と言っている。
(3)——線③の直後に、呼吸もできず、血が噴き出すのも構わず、命懸けで走っている様子が書かれている。

(4)直後の「走るより他はない。」に着目する。「あなたは遅かった。」「もうちょっとでも、早かったなら！」というフィロストラトスの言葉に、「胸の張り裂ける思い」を抱きながらも、あきらめずに走りぬこうという強い気持ちが表れている。

(5)――線⑤の直前に、「あの方は、あなたを信じておりました。」とあり、後にも「メロスは来ますとだけ答え、強い信念をもち続けている様子」だったとあることから、セリヌンティウスはメロスが帰ってくることを信じていたことがわかる。「メロスが帰ってくることを信じていたため。」など、メロスのことを信じていたということが含まれていれば正解。

(6)からかう王様に対し、セリヌンティウスが「メロスは来ますとだけ答え」とあることから、メロスが帰ってくるのを信じているセリヌンティウスを嘲るものだということがわかる。

(7)「信じられているから走る」「間に合う、間に合わぬは問題でない」「人の命も問題でない」というメロスの言葉から考える。メロスは信頼に応えるという人にとって大切なものを言葉で説明することができず、このように表現している。別解としては、「信じてくれている者に誠実に応えようとする気持ち。」（二十四字）など、信頼や信じられていることに応えるという内容が含まれていれば正解。

読解テクニック

1 (5) **理由になりそうな部分に印を付けて、まとめてみる！**

「どうして」「なぜ」など、理由を答える問題では、文章中の理由になりそうな部分に――などの印を付けておく。理由になる部分は複数ある場合もあるが、それらを総合的に「～から」で結ぶようにまとめてみて、理由として成立するかどうかを確かめる。

ぴたトレ3 ②

1 (1)例人質の処刑（五字）
(2)例相手を裏切る気持ちを抱いてしまったことを謝罪する気持ち。
(3)ア
(4)例信実を空虚な妄想だと思う心。
(5)わしも仲間に入れてくれまいか
(6)ウ
(7)例王が人を信じる気持ちを取り戻したから。

2 ①山賊　②路傍　③卑劣　④蹴

考え方

1 (1)――線①の直前に、「メロスは……刑場に突入した。」とある。ここで何が行われることになっていたのかを捉えればよい。また、五字以内とあるので、セリヌンティウスを指す「人質」「友」などの言葉を用いて答える。

(2)二人とも「裏切る気持ち」をもってしまったことを捉えよう。お互いを信じ合っていた仲ではあったが、なかなか戻らないメロスに対して、セリヌンティウスは「一度だけ」メロスを疑ってしまった。友を疑うという、裏切りの気持ちをもったのだ。同様にメロスも「途中で一度、悪い夢を見」て、セリヌンティウスを裏切る気持ちをもったことがあったのである。その気持ちをもったことを許してもらうために、自分を殴ることを相手に求めたのだ。別解として、「相手を裏切る気持ちをもってしまったことを許してほしいという気持ち。」などでも正解。

(3)二人とも謝罪の気持ちから「殴れ」と言っている。殴らないのならば、謝罪を受け入れず、友として認めないということであり、殴るのならば、謝罪を受け入れ友として抱擁する資格を認めるということである。つまり、この「ありがとう」には、友として認めてくれたことに対する感謝の気持ちが込められている。

(4)直後の一文に着目しよう。王は、「信実」（＝正直でいつわりのない心。真心）を「空虚な妄想」と思っていたのである。しかし、二人の友情を目のあたりにした王は、この思いが間違いだったことに気づいたのだ。別解としては、「信実の存在を信じない心。」などでも正解。

(5)王の会話の中から、「願い」の具体的な内容を捉える。文末表現に着目して、「願い」を表している文を探し、十四字という指定字数に合う部分を抜き出す。

(6)「おまえらの仲間」の「おまえら」は、メロスとセリヌンティウスを指している。王様は、メロスとセリヌンティウスの強い信頼関係を目の当たりにし、「仲間の一人にしてほしい。」と言っていることを押さえる。

(7)「王様万歳。」と、群衆が王をたたえていることから、「信実」を妄想だと思っていた王が、「信実」の存在を信じるようになったことに対する群衆の歓声であることが読み取れる。別解としては、「王が信実が存在することを認めたから。」など、「信実」「人を信じる気持ち」に触れた同様の内容であれば正解。

文法への扉3　一字違いで大違い

p.84

ぴたトレ1

1 ①めんえき　②ほちょうき　③や　④じゅんかん　⑤ちゆ　⑥にょう　⑦ひふ　⑧しょうそう　⑨てっかい　⑩かかん　⑪しんぼう　⑫ふきゅう　⑬しょうれい　⑭しょうれい　⑮かせん　⑯はたお　⑰りょかくき（りょかっき）　⑱しょうにか

2 ①ウ　②ア　③イ

p.85

ぴたトレ2

1
(1)①だ　②ようだ　③させる　④よう
(2)①イ　②ウ　③エ　④ア
(3)①ウ　②オ　③イ　④エ　⑤カ　⑥ア

2
(1)①の・を・で（順不同）　②は・と・に（順不同）
(2)①ウ　②イ

考え方

1 (1)①「だ」は断定の意味、②「ようだ」は比喩の意味、③「させる」は使役の意味、④「よう」は意志の意味を表す助動詞。

(2)③「自発」は、「自然とそうなる」という意味をもつ。この文では、「自然と昔のことがなつかしく思われる。」という意味となる。

(3)②「た」は存続と完了の区別が難しい。ここでは、梅の花が咲いて、今もその状態が続いている状態であることを表しているので存続。存続は「〜ている・〜てある」と言い換えることができる。

④「そうだ」には、推定・様態と伝聞の意味があるので注意すること。ここの「そうだ」は他の人（天気予報）から聞いた伝聞である。

2 (2)①例文の「の」は連体修飾語を作る格助詞。アは、「のもの」に置き換えられ、体言の代用として用いられる格助詞。イは、「母が」に置き換えられ、主語を表す格助詞。

②例文の「でも」は、軽く例を示す場合に用いられる副助詞。アは、極端な例を示し、他の場合ではもちろんであるということを推測させる副助詞。「幼児でも知っているのだから、大人はもちろん知っているだろう。」というような意味になる。ウは逆接の意味を表す接続助詞。「高く跳んだ」という行為と逆の結果「届かない」になった関係を表す。

p.86~87

ぴたトレ3

1
(1)①たい　②れる　③らしい
(2)①エ　②イ　③ウ　④ア
(3)①イ　②ウ　③ウ

2
(1)①ア　②エ　③ウ　④イ
(2)①エ　②オ　③ウ　④カ　⑤ア　⑥イ　⑦キ　⑧ク
(3)①イ　②エ　③ア　④カ　⑤オ　⑥ウ

(4)①イ ②エ ③ア ④ウ
(5)①エ ②ア ③オ ④イ ⑤ウ

考え方

1 (1)①「たい」は希望の意味、②「れる」は自発の意味、③「らしい」は推定の意味を表す助動詞。

(2)「た」の中でも、完了と存続は判別が難しいので注意が必要。
②作品が完成し、作品のための動きが止まっている（確定している）ので完了。
③床の間にいけた花が、今もその状態で、それを眺めているのだから存続。「床の間にいけてある花を、……」と、「～てある・～ている」に置き換えることが可能なら存続の意味だと覚えておくとよい。

(3)①「ほめられる」は受け身。アは可能、ウは自発の意味を表す助動詞。
②「中学校ができるそうだ」と人から伝え聞いた内容を表すので伝聞。アとイは様態・推定の意味を表す。
③「寝ぼけているようだ」は推定。ア・イは比喩を表す。

2 (1)①「が」は主語を作る格助詞。②「さ」は疑問の言葉を伴って、非難・反発などを表す終助詞。③「て」は原因・理由を表す接続助詞。「たので」と置き換えることができる。④「しか」は限定を表す副助詞。

(4)①「君が謝る」という条件で「許してやる」という関係を表す。
②「ご飯を食べる」ことと「ニュースを見る」ことが同時である関係を表している。
③「雨が降ってきた」という理由で、「今日はもう帰る」という関係であることを表している。
④「走った」という行為と逆の結果「バスは行ってしまった」になった逆接の関係を表している。

言葉3 話し言葉と書き言葉

p.88 ぴたトレ1

1 ①あいまい ②こうえつ

2 ①イ ②ア

p.89 ぴたトレ2

1 (1)ア・エ（順不同）
(2)ウ・エ（順不同）
(3)①ア ②ア ③イ ④イ ⑤ア ⑥ア
(4)点だ→点です

考え方

1 (1)話し言葉は、文字ではなく音声で伝えるため、文字では伝えきれない情報を伝えることができたり、また、話す人によって情報の伝わり方に差が出たりもする。イは、状況や相手に応じて言葉遣いを変える必要があるので不適切。ウは、相手が同じ情報をもっているのであれば情報を省略し、重要なところは繰り返すことが望ましいので不適切。

(2)書き言葉は、目の前にいない多数の相手に情報を伝えることがあるため、情報を整理してわかりやすくする必要がある。ア・イは、伝える相手が決まっていたり、目の前にいたりする場合に用いられる話し言葉の長所のため不適切。

(3)話し言葉と書き言葉のそれぞれの相違点を確認しよう。

(4)書き言葉では、文末や表記を整えることが大事。この文章では、敬体（「です・ます」）で書かれた中に常体（「だ・である」）で書かれた部分が一か所ある。そこを敬体に直せばよい。

漢字3 送り仮名

p.90

ぴたトレ1

1 ①ひじ ②つつみ ③ことぶき ④ほま ⑤かお ⑥あやつ ⑦こ ⑧つつし ⑨ねば ⑩きた ⑪なま ⑫にぶ ⑬わらべうた ⑭ほが ⑮すこ ⑯うれ ⑰かたよ

2 ①ウ ②ア ③イ

p.91

ぴたトレ2

1 (1)①驚く ②健やか ③起こす ④悲しい
(2)①a速い b速やか ②a細い b細かい ③a混ぜる b混む ④a上げる b上る

2 (1)①斜め ②少なくとも ③肘 ④願い
(2)①a幸せ b幸い ②a苦み b苦しさ ③a後ろ b後れ

考え方

1 (1)活用のある語は、原則として活用語尾を送る。ただし例外もあるので注意しよう。
②形容動詞の送り仮名の例外（活用語尾の前に「やか」を含む）で、この場合は「やか」から送る。
④は形容詞の送り仮名の例外（語幹が「し」で終わる）で、「し」から送る。
(2)いずれも訓読みが複数ある漢字である。読みによって当然活用語尾も異なり、送り仮名の付け方も違うので注意する。
①aは「はや・い」、bは「すみ・やか」、②aは「ほそ・い」、bは「こま・かい」、③aは「ま・ぜる」、bは「こ・む」、④aは「あ・げる」、bは「のぼ・る」である。

2 (1)①名詞であるが、例外で最後の音節を送る。送り仮名がないと、例えば「斜に構える」の場合、「ナナメに構える」のか「シャに構える」のか判別できない。
②「少ない」からできた副詞。一つの言葉としては長いが、送り仮名は元の「少ない」にそろえればよい。
④動詞の「願う」からできた名詞。これも元の「願う」にそろえる。

木

p.92

ぴたトレ1

1 ①いなずま

2 ①ウ ②ア ③イ

3 ①口語自由詩 ②六

4 ①好きだ ②大好きだ

p.93

ぴたトレ2

1 (1)ア
(2)イ
(3)例木の根が勢いよく、しっかりと根を張っていること。
(4)例自然から得たものは、きちんと自然に返しているから。
(5)若木／老樹（順不同）
(6)ア

文法 一年生の復習

p.94~95

ぴたトレ3

1 ①今日は｜父の｜誕生日だ。 ②小学生の｜弟と｜公園へ｜行く。

2 ①ウ ②イ ③エ

3 ①カ ②オ ③イ ④コ ⑤ケ ⑥ア ⑦ク ⑧エ ⑨キ ⑩ウ

4 ①友人が／来た ②授業は／ない ③母は／食べた ④彼は／生徒だ ⑤花が／きれいだ ⑥敬語は／必要だ（順不同）

5 ①ウ ②ケ ③エ ④コ ⑤キ ⑥ア ⑦イ ⑧オ ⑨ク ⑩カ

6
①夏の強い日光が大地に降り注ぐ。
②ある夏の日、はだしで海辺を歩いた。
③経験は知識を求める鍵だ。

7
①もうすぐ卒業するので寂しいなあ。
②このポスターに、工夫を加えよう。

考え方

1 文節に区切るときは、「ね」や「さ」を入れて、言葉が自然かどうかで判断する。

2 文を単語に分ける問題では、まずは文節で区切り、それぞれの言葉の働きを考えよう。
①「好きです」は一語の形容動詞。「好き｜です」ではない。形容動詞には、「―だ」「―です」の二つがある。「―です」の活用もしっかり覚えよう。
②「きれいに」の言い切りの形は「きれいだ」で形容動詞。「きれい｜に」ではない。

3 それぞれが文の中でどんな働きをしているかを考えよう。
④⑤接続語（接続部）や独立語（独立部）は、読点で区切られることが多い。

4 初めに文の述語を捉え、それに対応する主語を確認しよう。

5 ⑥「優しさ」は、「優しい」という形容詞に「さ」が付いて名詞になったものである。

6 活用する自立語は、動詞・形容詞・形容動詞の三つで、活用しない自立語は、名詞・副詞・連体詞・接続詞・感動詞の五つである。
②「ある」は活用しない連体詞。動詞と間違えないこと。

形

ぴたトレ3

1
(1)猩々緋と唐冠のかぶと
(2)例強い新兵衛の服折とかぶとを借りて、自分も敵を倒して手柄を立てたいという心。
(3)例初陣で華々しい手柄を立てること。
(4)ア
(5)若い士
(6)イ
(7)例いつも身に着けている服折とかぶとは、若い士に貸してしまったから。
(8)例自分の形でしかない服折とかぶとが、敵を威圧する力をもっていることの誇り。

2
①鮮 ②避 ③崩 ④殺到

考え方

1 (1)直前の文に、新兵衛の服折とかぶとがどんなものかが書かれている。
(2)強い新兵衛の服折（猩々緋の陣羽織）と（唐冠の）かぶとを身に着ければ、きっと自分は手柄を立てられるという無邪気さを読み取ろう。「功名心」とは、手柄を立てることを強く求める心。「新兵衛の服折とかぶとを身に着けて手柄を立てたい心」という内容が書かれていれば正解。
(3)何のために「若い士」は新兵衛の服折とかぶとを借りに来たのかを考えよう。借りに来たときに「華々しい手柄をしてみたい」と若い士が言っていることに着目する。「戦いに勝つこと。」「敵に勝つこと。」なども正解。
(4)「しのぎを削る」の「しのぎ」とは、刀の刃と峰（刃と反対の部分）の真ん中の少し厚みのある部分。その部分を削るほど激しく打ち合うことから、激しく戦うことを意味する。
(5)新兵衛が我が子のようにいつくしみ育ててきた子であり、前日、猩々緋と唐冠のかぶとを借りに来た武者である。
(6)敵は、猩々緋と唐冠のかぶとを身に着けた武者が、若い士とは知らない。しかし、その姿を見ただけで、あの強い新兵衛だと思い、腰が引けて逃げ出し、陣が乱れたのである。

(7) 若い士の無邪気な功名心を受け入れて、自分の形である服折とかぶとを貸したのである。若い士に服折とかぶとを貸したことが書かれていれば正解。

(8) 直前に「自分の形だけすらこれほどの力をもっている」と新兵衛が感じていることを読み取ろう。若い士が「三、四人の端武者を、付き伏せて、また悠々と味方の陣へ引き返した」ことではない。自分の形でしかない服折とかぶとによって、敵陣が乱れ、未熟な若い士が手柄を立てたことに誇りを感じたのである。別解としては、「自分の形である服折とかぶとが、これだけの力をもっていることへの誇り。」など、新兵衛が自分の形への自負心を満足させたことが書かれていれば正解。

生物が記録する科学――バイオロギングの可能性

p.98〜99

ぴたトレ3①

1

(1) 潜水深度／潜水時間（順不同）

(2) イ

(3) ①なぜ、ペン　②ウ

(4) 例餌を捕らえる目的。（九字）

(5) 例多くのペンギンが一斉に餌捕りに潜るため、浅い所に餌がいないことがあるため。

2

①到着　②避　③狙　④凝

考え方

1 (1) ――線①と同じ段落の最後の文に「本当にこれほど深く、長時間、潜ることができるのだろうか。」とある。そして、次の段落に「潜水深度を記録した。」、最後の段落に「潜水時間についても、……六分以内で終了していた」とあることから、潜水深度と潜水時間について調査したことがわかる。

(2) 「頭を抱える」は、「困る。苦悩する」意味の慣用句である。この前の段落にあるとおり、「ペンギンの潜水行動の調査」をするために実験を行ったのだが、予想に反して潜水の深度が浅かったために困っているのである。

(3) ①前の段落の最後にある、「なぜ、ペンギンは深く潜らないのだろう。」という問いに対する答えである。

②周辺に穴や亀裂がない所に人工的に穴を開け、ペンギンを放したのだが、その氷の下の浅い所にペンギンの餌となる魚やオキアミが豊富にいたので、特に深く潜る必要がなかったのである。

(4) ――線④の直前の文に「〜ため」と目的を表す言葉があることに着目する。

(5) ペンギンにとって、潜水は「餌捕り」を目的としたものであることを押さえて考える。ここでは、数千羽のペンギンが一斉に海の中に潜り餌捕りをするのであるから、全てのペンギンが同じ深度に潜れば、餌が不足してしまうことが考えられる。別解としては、「数千羽のペンギンが一斉に餌捕りに潜るため、深い所に潜らないと餌がないことがあるため。」など、同様の内容であれば正解とする。

p.100〜101

ぴたトレ3②

1

(1) ウ

(2) 餌捕り

(3) 捕食者から身を守るため

(4) ウェッデルアザラシは

(5) 餌を効率よく捕ること／捕食者に食べられないこと（順不同）

(6) 水中／陸上／空中（順不同）

(7) 例動物たちのありのままの行動を調べることができる点。（二十五字）

2

①吐　②撮　③岬　④寝

考え方

1 (1)――線①と同じ段落に、ア・イ・ウのどの行動についても書かれているが、最後の一文に、「ペンギンたちは、……餌を捕っているのだろうか。」と疑問を呈しているので、この疑問に関係する行動に最も興味をひかれたことがわかる。
(2)この後の部分の「水中でもいっしょに餌を捕っているのだろうか。」に着目し、餌を捕ることを三字で表した語を探すと「餌捕り」とある。
(3)「その理由」とは、直前の段落の内容、餌を捕るときに潜水の開始と終了をわざわざ一致させている理由のことである。――線③と同じ段落に、ペンギンたちがウェッデルアザラシに狙われることと、ペンギンたちにとって何が重要なのかが書かれている。「〜のため」と理由を表す言葉に着目するとよい。
(4)長い一文であるが、「主語と述語」という文の構造を考えよう。水面に顔を出した動物である。
(5)――線⑤の直前の文に、水族館のペンギンは、「十分な餌をもらい、捕食者から守られている」とある。しかし、野生のペンギンには、そんな生活は望めないのであり、生き残りに「重要」なことは、餌を捕ることと、捕食者から自分自身を守ることである。これらのことが直前の段落にまとめられている。
(6)まずペンギンの「生息環境」を考えよう。他にも、「さまざまな環境」で生きる動物たちのデータが集められていることが最終文で述べられている。
(7)人間が主体となって調査をするのではなく、野生動物に直接記録計を取り付けるという点が画期的な調査方法である。人間が直接調査できないような場所でも、動物の行動を観察できるのだ。別解としては、「動物たちの普段の行動を調べることができる点。」(二十二字)など、「ありのままの行動」「普段の行動」と同様のことに触れていれば正解とする。

読解テクニック

1 (4)**主語と述語に印を付けて――でつなぐ!**
特に一文が長い場合、主語と述語の関係を見失いがちである。主語と述語の関係をしっかりつかむには、主語・述語のそれぞれに○などの印を付けて――でつなぎ、それを確認しながら、文の内容を正確に捉えよう。

古典の世界を広げる

p.102〜103

ぴたトレ3①

1 (1)ⓐたまえ ⓑなきいたる
(2)熊谷次郎直実
(3)例その頸が誰の頸であるかということ。
(4)係りの助詞…ぞ　結び…ける
(5)例もうすぐ討たれようとしているのに、堂々とした立派な態度であるところ。
(6)ウ
(7)小次郎が薄
(8)例武士であれば、殺したくない相手でも殺さなければならないから。

2 ①遭　②縫　③太刀　④扇

考え方

1 (1)ⓐ語頭以外の「は・ひ・ふ・へ・ほ」は、「わ・い・う・え・お」となる。ⓑワ行の「ゐ」は「い」に、「ゑ」は「え」に、助詞以外の「を」は「お」になる。
(2)名前を問われ、その直後で答えている会話に着目しよう。
(3)頸を討ち取り、それが誰のものかを人に問えば、人々は自分のことを知っているだろうと敵は言っている。「誰の頸かを問う」という内容が書かれていれば正解。

(4)係りの助詞の「ぞ・なむ・や・か・こそ」と、結びの変化（「こそ」は已然形（いぜん）、それ以外は連体形）をしっかり覚えておこう。

(5)今にも討たれようとしているとき、多くの人はうろたえるはずなのに、そんな態度を全く見せず、堂々とした態度を崩（くず）さなかったので、熊谷（くまがえ）は「あっぱれ」（＝立派だ）と思ったのである。敵（かたき）の堂々とした態度が書かれていれば正解。

(6)熊谷が後ろを見ると、兵が来るのが見えた。「お助けしたいとは思いますが、……決して逃げることはできますまい。」と言っている点を押さえよう。

(7)「小次郎（こじろう）」とは、熊谷の子供（この文章にはないが、敵と同じ年くらい）の名。自分にも（同じくらいの）子供がいるため、この敵の父親の子供を失う嘆きが身にしみてわかり、なかなか討ち取ることができなかったのだ。

(8)――線⑦の後で、敵を討ち取ったことがつらくて熊谷が泣いているところから、このように敵を殺してしまうことが本意ではなかったことが読み取れる。「殺したくないときでも武士は敵を殺さなければならない」という気持ちが書かれていれば正解とする。

p.104

ぴたトレ3②

1 (1)①例夏の暑い時期に住みにくい家は我慢できないものだから。

②浅くて

(2)冬寒く、灯暗し。

2 ①嘆　②暁　③陣　④優

考え方

1 (1)①「暑きころわろき住居（すまひ）は……」の一文から理由を読み取ろう。暑い時期に住みにくい家は「堪（た）えられない」「我慢できない」などといったことが書いてあれば正解。

②「夏の住みやすさ」について問われているので、涼しい感じを出す工夫が書かれている部分を探す。「明るさ」についても書かれているが、該当しない。

(2)直後に書かれている。天井が高いことにより、冬の間は寒くなり、夜は明かりが暗くなってしまうのである。

p.106

定期テスト予想問題1

(1)写真

(2)ア

(3)世界は、〜きている

(4)例世界中のいろいろなことを自分の目で確かめることの大切さ。（二十八字）

考え方

(1)最後の段落に、封筒から出てきたものについて書かれている。一つは「でっかいナマズ」、もう一つは「氷の惑星（アイスプラネット）」の写真だった。

(2)「勉強をたくさんして、いっぱい本を読んで」とあることから考えよう。勉強をし、本を読まなければ、おもしろいと思ったり、なぜだろうと思ったりする機会は少なくなる。つまり、いろいろなことに興味や疑問をもつことを『不思議アタマ』と言っているのである。

(3)ぐうちゃんが世界を旅して実際に見たものを、「僕」にも見てほしいと伝えている。世界に「それこそありえないほど」あるものの内容が書かれている二文を探す。

(4)ぐうちゃんの手紙の「〜ほしい」という表現に着目する。この表現から、ぐうちゃんが僕に強く伝えようとしていることが読み取れる。「何の大切さ」かを問われているので、「〜の大切さ。」と文末を結ぶこと。別解として、「『不思議アタマ』になって、実際に世界に出かけることの大切さ。」（三十字）など、同様の内容ならば正解とする。

p.107

定期テスト予想問題 2

(1) ⓐとらえて　ⓑおおえる
(2) 四
(3) 雀の子
(4) 二、三歳ほどの幼児
(5) いと小さき塵
(6) 例 幼女が、目にかかっている髪を払わずに、顔を傾けて物を見ている様子。

考え方

(1) 語頭以外のハ行は、「ワ・イ・ウ・エ・オ」となることを覚えておこう。
(2) 「瓜(うり)にかきたるちごの顔」と、「雀(すずめ)の子」「二つ三つばかりなるちご」「頭はあまそぎなるちご」の様子の四つが「うつくしきもの」として挙げられている。
(3) ――線②を含む文の初めに着目しよう。「雀の子の」の下の「の」は、現代語では主語を表す「が」となる。古文ではよく用いられる「の」の用法なので、覚えておくとよい。
(4) 現代語訳の当てはまる部分を探す。「ちご」を漢字で書くと「稚児・稚」で、文字通り幼い子供の意味。「ばかり」は「〜ほど」の意味。
(5) 何を目ざとく見つけて指でつまんだのかを読み取ろう。現代の幼児にもよく見られる行動である。
(6) 髪の毛が目にかかっているのも気にせずに、頭を傾けて一心に物を見ている様子を、作者は「うつくし」と感じているのである。主語の「幼女」と、「頭を傾けて見ている」ことを落とさず、同様の内容にまとめられていれば正解。

p.108

定期テスト予想問題 3

(1) 土の硬さの違い。（八字）
(2) 例 クマゼミの幼虫は土を掘る力が強いこと。
(3) 例 人の足で踏み固められた状態。
(4) 例 クマゼミは他のセミに比べると、硬い土に潜る能力が高く、硬化した地面にも潜ることができること。

考え方

(1) 直前の文で、市内の公園は土が硬く、市外の緑地や森林は土が軟らかいと、土の硬さの違いが比較されているのに着目する。
(2) [仮説3]に「クマゼミの幼虫は土を掘る力が強く」とあることに着目する。これを確かめるために行ったのである。別解として、「クマゼミの幼虫は土に潜る能力が高いこと。」でも正解。
(3) 前半に「公園などに残された土も、……乾燥しきっている。」とある。ここから読み取ればよい。なお、「地表の大半が舗装されており」とあるが、そこでは「セミは地面に潜れない。」のであるから、「地表整備」は地表が舗装された状態のことではない。
(4) 前の二文に書かれた実験の結果を指している。「硬い土に潜る能力」が高いこと、「硬化した地面にも……潜ることができる」ことという、他のセミと違う点を押さえて答えていれば正解。

p.109

定期テスト予想問題 4

(1) 例 人間が今、我が物顔で新しい世紀へ歩み出していること。
(2) ② 鯨の世紀恐竜の世紀
③ 水仙の白
(3) 蛇行する
(4) 例 「急げばいいってもんじゃないよ」という口語の息遣いには、すぐ近くから呼びかけてくるような温かさがあるから。

考え方

(1) ――線①の直前にある、今の人間の様子が書かれている部分に着目する。筆者は、今の人間のあり方に疑問を感じているのである。

(2) ――線②の前の文に、「鯨の世紀、恐竜の世紀……長い時間」、「『水仙の白』という一滴の時間の中」とあることに着目する。それらを押さえて、短歌の中から当てはまる言葉を抜き出せばよい。

(3)「蛇行」とは、川などが曲がりくねって流れることや、蛇(へび)のように曲がりくねって進むことである。「様子」が問われているので、解答に「川」は含めないように注意しよう。

(4) ――線⑤と同じ文の前の部分を、理由を表す「～から。」などで結ぶようにまとめればよい。

p.110

定期テスト予想問題 5

(1) 春先、もう～している姿

(2) イ

(3) ㊐言葉を発するその人全体を、言葉の一語一語は背後に背負っていることを念頭において、言葉というものを考えること。

考え方

(1) 直後の一文に、「……している姿が、私の脳裏に揺らめいたからである。」と、筆者が「不思議な感じに襲われた」理由が書かれている。「脳裏」とは、頭の中の意味で、この一文に何が頭の中にイメージされたかが書かれている。そのイメージが浮かんだので、筆者は「不思議な感じに襲われた」のである。

(2) 二つ目のまとまりに着目する。筆者は、第二段落で述べたことと「言葉の世界での出来事」は同じことではないかと言い、「言葉の一語一語は、桜の花びら一枚一枚だ」、「全身でその花びらの色を生み出している大きな幹……一語一語の花びらが背後に背負っている」と述べている。つまり、「言葉の一語一語」も、桜と同じように背負っているものがあると言っているのである。

(3) まず、――線②にある「そのとき」とはどんなときかを考えると、「そういう態度をもって言葉の中で生きていこうとするとき」である。次に「そういう態度」とはどんな態度であるかを考えると、直前の文に、「そういうことを念頭におきながら、言葉というものを考える」態度のことだとわかる。ここにも指示する語句があるので、その内容を明確にすると、全身で花びらの色を生み出している大きな幹を、一語一語の花びらが背後に背負っていること、となる。これを言葉の世界に当てはめると、言葉を発するその人全体を、言葉の一語一語は背後に背負っている、ということになる。これらを整理し、「どうすることが必要」かと問われているので、「～こと。」の形にまとめて答える。別解としては、「言葉の一語一語は、言葉を発するその人全体を背負っていることを念頭において、言葉というものを考えること。」など、同様の内容なら正解。

p.111

定期テスト予想問題 6

(1) ①オ ②ウ ③ア ④エ ⑤イ

(2) 方角・方向／覚悟・決意（順不同）

(3) ①ア ②オ ③ウ ④エ ⑤イ

(4) 安心・不安／寒冷・温暖（順不同）

(5) ①Aイ Bア Cウ ②Aウ Bイ Cア

考え方

(5) ①「手」には他に、能力の意味（㊐手に余る）、所有・保持の意味（㊐手にする・手に入れる）、器具などの取っ手の意味（㊐鍋の手を持つ）、種類の意味（㊐この手のもの）、筆跡・文字の意味（㊐手がよい・女性の手）などがある。

②「顔」には他に、比喩的に用いて、人物そのもの、その人自身の意味（㊐顔を出す・顔がそろう）、ある物を代表する事柄や人の意味（㊐チームの顔）などがある。

p.112

定期テスト 予想問題 7

(1) 例 えびフライがあまりにおいしかったので、他のことに気が回らなくなったから。

(2) 例 えびのしっぽを喉に詰まらせてしまったから。

(3) 例 弟がえびフライのしっぽを食べたかどうか確かめるため。

(4) ア

考え方

(1) 最初は、自分のえびフライだけ先になくならないように、姉に調子を合わせて食べていたが、初めて食べるえびフライは「えもいわれないうまさ」で、二尾目になると、姉に調子を合わせて食べることなど忘れてしまったのである。別解としては、「エビフライのあまりのおいしさに、夢中になってしまったから。」など、えびフライのおいしさのせいであることを押さえていれば正解。

(2) 次の文に、「姉が背中を……しっぽをはき出した。」とある。また、父親の言葉に、「歯がねえのに、しっぽは無理だえなあ」ともあることから、えびフライのしっぽを食べて喉に詰まらせたことがわかる。

(3) 少年と姉は、父親の「えびは、しっぽを残すのせ。」という言葉に反応し、しっぽを食べるという失敗をしたのは自分だけかとお互いの皿を確かめたのである。結局二人とも食べてしまったことがわかり、二人は「顔を見合わせて、首をすくめ」ている。

(4) (3)を押さえて考えよう。「誰にともなくそう言う」とあり、独り言のように言いながら、知らずに食べてしまった恥ずかしさを、「歯がねえのに」と言った父親の言葉じりを捉えて、ごまかそうとしているのである。

p.113

定期テスト 予想問題 8

(1) 情けない黒鉛筆の小マル

(2) 百日ぜきをわずらっていた

(3) 例 帰ってくる妹を喜ばせようとしているのがわかったから。

(4) ウ

考え方

(1) 最初は「大マル」と元気な様子が伝わってくる葉書（はがき）であったが、その後、どのように変化していったかを読み取る。また、「対句的な表現」とあるので、「威勢のいい／赤鉛筆の／大マル」と、それぞれの部分が対応する表現になっている部分を抜き出す。「黒鉛筆の小マル」だけでは不正解。

(2) 次の文に、「百日ぜきを……寝かされていた」とある。とても葉書を出せる状態ではなかったのである。

(3) 「私」と弟は、少しでも妹を喜ばせようとして自分たちができる精一杯のことをやっていたのである。このとき父親も同じ気持ちだったので、黙認したのである。

(4) 父親は、妹が家に入るのを待ちきれずにはだしで表に飛び出している。大人の男である父親が、やせた妹の肩を抱き、子供たちの目も気にせずに人前で声を上げて泣いたのを見て、「私」は、驚くとともに、父親の子供を思う愛情の深さに感動している。

p.114

定期テスト 予想問題 9

(1) 人口の増加

(2) 例 農耕地から、格段に多くの食料を確保できるような技術を開発すること。

(3) 例 森林資源が枯渇して飢餓に直面したとき、どこからも食料を運んでこられない点。

(4) 例 資源を効率よく、長期にわたり利用する方策を考えること。（二十七字）

考え方

(1)この直前で示されている数値は、何に関するものかを考える。イースター島は百年に二倍の割合で人口が増加したのに比較して、地球は五十年もたたないうちに人口が二倍以上に増えたという、急激な人口の変化について述べられている。

(2)人類が生き延びていくためには食料が必要であるが、それを耕作する耕作地の広さには限界がある。これ以上農耕地を増やすことはできないが、増加する人口に対応するためには、大量の食料を生産（確保）できるような、技術革新（改革・開発）が必要なのである。

(3)森林資源が枯渇し飢餓に直面したとき、どこからも食料を運んでくることができなかったイースター島と同じように、地球も飢餓に直面したとき、どこからも食料を運んでくることができないと言っている。

(4)ここでいう「道」とは、方法や手段を意味していることを押さえ、直前の「それ」が指し示している内容をまとめればよい。「どんなこと」かと問われているので、「方策」や「方法」で結んでは不正解。問いとの整合性を押さえて答えよう。

p.115

定期テスト 予想問題 10

(1)扇の要ぎは一寸ばかりおいて

(2)かぶらは～がりける
沖には平～めきけり（順不同）

(3)例舞を舞っていた男を射倒した。

(4)平家の方

考え方

(1)直前の部分に書かれている。扇の要から一寸（約三センチメートル）ほど離れた所を、見事に射切ったのである。

(2)対句表現とは、言葉を形や意味が対応するように並べる方法のことと。それぞれの対応を見ると、

「かぶらは	海へ	入りければ」
↔	↔	↔
「扇は	空へぞ	上がりける」

「沖には	平家、	ふなばたをたたいて	感じたり」
↔	↔	↔	↔
「陸には	源氏、	えびらをたたいて	どよめきけり」

となる。

(3)「御定（御命令）」の内容は書かれていないが、それを承った与一は、与一の腕前に感動して舞を舞っている平家の男を見事に射倒している。この与一の行為を簡潔にまとめる。

(4)自分の腕前に感動して舞っている男を射倒すという与一の行為に、平家方は呆然として静まりかえったが、源氏方は再びえびらをたたいて歓声を上げたのである。ここに、平家方と源氏方の戦いにおける価値観の違いが表れている。

p.116

定期テスト 予想問題 11

(1)ⓐいわしみず　ⓑかたえ

(2)例（年を取るまで）石清水を拝んでいないこと。

(3)イ

(4)③Aこそ　Bけれ　⑤Aか　Bけん

(5)例石清水を拝むため。（九字）

(6)例少しのことでも、その道の先導者はあってほしいものだという教訓。

考え方

(1)語頭以外の「は・ひ・ふ・へ・ほ」は「わ・い・う・え・お」となる。また、「づ」は「ず」となる。

(2)直前の部分に着目。「心うし」は、「情けない。つらい」などの意味。どんなことを情けなく思っていたのかを読み取る。

(3)現代の意味とは違っているので注意しよう。

(4)係り結びの助詞「ぞ・なむ・や・か・こそ」は覚えておこう。

③「こそ」は文末が已然形（「けり」）→「けれ」）に変化し、ここでは「尊い」ことが強調されている。

⑤「か」は文末が連体形（「けり」→「けむ（けん）」）に変化し、ここでは「何事」という疑問が強調されている。

(5)参拝者がみんな山に登っているのは、山上に石清水があるからである。

(6)石清水に詳しい先導者や案内人がいれば、法師のような失敗はしなかったはずである。そのことから作者は、何事にもその道の先導者はあってほしいものだという教訓を見いだしているのである。

p.117

定期テスト予想問題 12

(1)七言絶句

(2)孟浩然

(3)イ

(4)孤帆

(5)ウ

考え方

(1)四句から成り、一句が七字であることに着目する。

(2)「故人」とは、「古くからの友人」のこと。題名にあるように、作者は「故人」である孟浩然が、広陵（揚州ともいう）に下ってゆくのを見送っているのである。

(3)「煙」とは「煙」が実際に出ているわけではなく、「かすみ」がかかっているような情景を表している。かすみがたなびき、花が咲く風景なのである。

(4)「孤帆」とは、「一そうの帆掛け舟」という意味で、ここでは孟浩然の乗った舟のこと。それが広い長江にぽつんと浮かんでいることで、孟浩然の孤独な姿を表しているのである。

(5)後半の二句において、作者の心情が強く表現されている。孟浩然を乗せた舟が見えなくなっても、作者はなお長江を眺めているのである。作者にとって、どれだけ友の存在が大きいものであったのかを読み取ろう。

p.118

定期テスト予想問題 13

(1)例 汚れを落とすことと、現状の絵をそのままに保護すること。

(2)かっこいい

(3)例 細部の描き込みのすごさに目を奪われて、この絵の本当の魅力が見えなかったこと。

(4)例 絵画の人物の輪郭が作る形やその連なり、絵の構図がもっている画家の意図などがよく見える絵。

考え方

(1)この段落の後半で、修復で行われる二つの作業が述べられている。「汚れを落とす」「保護する」という二点が書かれていれば正解。

(2)「魅力的」というのは修復を終えた絵を見て筆者が感じたことである。続く部分にはそう感じた理由が書かれているが、段落の最後で改めて筆者が感じたことを端的な言葉で表現している。

(3)「そんなこと」の「そんな」の指し示す内容なので、これより前の部分から探す。完成当時の人々について、「それを見た人たちは……『見えなかった』。」が答えの部分に当たるが、「まとめて答えなさい。」とあるので、重要な言葉を抜き出してまとめること。「細部があったために、そちらに目を奪われて、絵の本当の魅力が見えなかった。」ということが書かれていれば正解。

(4)「それ」が指し示すものをたどっていこう。「それ」→「本当の『最後の晩餐』」→「『全体』をより明快に見えるようにした」絵＝「絵の『全体』がよく見えるようになった」絵→「人物の輪郭が……画家の意図」がよく見える絵、となる。この直後に「つまり」とあって、「絵画の科学を駆使して表現しようとしたもの」とまとめられているが、設問に「具体的に」とあるので、「つまり」の前の部分をまとめて答える。

p.119

定期テスト予想問題 14

(1) ウ
(2) 義務遂行の希望／名誉を守る希望（順不同）
(3) 例信頼に報いること。（九字）
(4) 例自分を奮い立たせ、励ますため。

考え方

(1)続きを読むと、「小さくささや」いているのは、清水の湧き出る音であることがわかる。人でないものを「小さくささやきながら」と人にたとえているので、擬人法である。
(2)「希望」をキーワードに探すと、続く二文に「義務遂行の希望」と「名誉を守る希望」と、その希望の内容が書かれている。
(3)「その一事」の「その」が指し示す内容を押さえればよい。直前の一文に書かれている。
(4)――線④の後を読んでいくと、「おまえの恥ではない。」「おまえは真の勇者だ。」「私は正義の士として死ぬことができるぞ。」などと、自分に向けて言い聞かせている。これは何のためかを考えればよい。一度は悪魔のささやきや悪い夢に屈してしまったが、友の信頼に報いるためにも、より強く、より速くと自分を奮い立たせ、励ましているのである。同様の内容であれば正解。

p.120

定期テスト予想問題 15

(1) ①ア ②エ ③ウ ④イ ⑤カ ⑥オ ⑦ク ⑧キ
(2) ①ア ②オ ③エ ④イ ⑤ウ
(3) ①未然形 ②連用形
(4) ①ウ ②イ ③エ ④ア
(5) ①ウ ②ア ③エ ④イ

考え方

(1)①言い切りが「降る」となる動詞。②普通名詞。③言い切りが「豊かだ」になる形容動詞。⑤連体修飾語にしかならない連体詞。⑥「どのように」という状態を表す状態の副詞。⑦応答を表す感動詞。⑧順接を表す接続詞。
(2)動詞の活用の種類は、「ない」を付けてみて、直前がどの段になるかで判断する。①「釣らない」でア段になるので五段活用。②「する」が付く動詞はサ行変格活用。③「来る」はカ行変格活用。カ行変格活用は「来る」の一語のみ。④「みない」でイ段になるので上一段活用。「見る」には語幹がない。また、基本形を「見える」と誤解しないように注意。「見える」は「見えない」でエ段となるので下一段活用動詞である。⑤「調べない」でエ段になるので下一段活用。
(3)形容詞と形容動詞の活用をしっかり覚えておくこと。形容詞は「かろ／かっ・く／い／い／けれ／○」で、命令形がない。形容動詞は「だろ／だっ・で・に／だ／な／なら／○」と「でしょ／でし／です／（です）／○／○」の二種類で、形容詞と同じく命令形がない。
(4)①原因・理由を表す接続助詞。②極端な例を示し、他の場合はもちろんであるということを推測させる副助詞。③軽い詠嘆を表す終助詞。④対象を表す格助詞。
(5)②「そうだ」には、推定・様態と伝聞の意味があるが、ここは、「彼は先に到着した」ことを誰かから聞いた伝聞である。

教科書ぴったりトレーニング付録

赤シート×直前対策！

ぴたトレ mini book

教科書で習った順に
覚えられる！

新出漢字チェック！

国語 2年 光村図書版 完全準拠

＼赤シートで文字をかくせば両方に使えるよ!／

書き取り

読み取り

「ぴたトレ mini book」は取り外してお使いください。➡

間違えやすい漢字は□の色が赤いよ!

アイスプラネット

教 14～25ページ

□①食事のしたくをする。（支度）
□②町のこうがいに家を建てる。（郊外）
□③ろくじょう一間のアパート。（六畳）
□④単身ふにんで地方に行く。（赴任）
□⑤新入部員をかんげいする。（歓迎）
□⑥ゆいいつの楽しみ。（唯一）
□⑦ようちな考え方をやめる。（幼稚）
□⑧あやしい人物を見かける。（怪）
□⑨机のあしで小指を強打する。（脚）
□⑩弟のかんちがいを正す。（勘違）
□⑪水のわくせい、地球。（惑星）
□⑫家族の写真をとる。（撮）
□⑬ほらふきと罵られる。（吹）
□⑭経験をゆうべんに語る。（雄弁）
□⑮きょくたんにかたよった意見。（極端）
□⑯友達に会えなくてさびしい。（寂）
□⑰とつぜん大声を出す。（突然）
□⑱忘れ物をしてあわてる。（慌）
□⑲両手をにぎりしめる。（握）
□⑳おおまたで歩く。（大股）
□㉑ふうとうから手紙を出す。（封筒）
□㉒ポスターをはる。（貼）
□㉓中身のつまったかばん。（詰）

枕草子

教 28～31ページ

□①雲がむらさきがかる。（紫）
□②ほたるが飛び交う。（蛍）
□③おもむきのある風景。（趣）
□④ねどこを整える。（寝）
□⑤朝、しもが降りる。（霜）
□⑥ワルツをおどる。（踊）
□⑦首をかたむける。（傾）
□⑧すいしょうの首飾り。（水晶）

思考の視覚化

教 32～33ページ

□①どじょうが汚染される。（土壌）
□②生活はいすいを減らす。（排水）

□③ やさしくほほえむ。（笑）

漢字1 熟語の構成 教38～39ページ

□① 日本有数のさんがく地帯。（山岳）
□② 飛行機にとうじょうする。（搭乗）
□③ かふくはあざなえる縄のごとし。（禍福）
□④ けいちょう電報を打つ。（慶弔）
□⑤ 平安京へせんとする。（遷都）
□⑥ しゅんそくを飛ばして追い抜く。（俊足）
□⑦ もうけん注意の貼り紙を貼る。（猛犬）
□⑧ 祖父のしょうぞうが。（肖像画）
□⑨ 自動車の運転めんきょしょう。（免許証）
□⑩ 思春期にじがが芽生える。（自我）
□⑪ ばくがが原料の飲料。（麦芽）
□⑫ 絵の大家としてい関係を結ぶ。（師弟）
□⑬ ライバルとしゆうを決する。（雌雄）
□⑭ 山頂のせいじょうな空気。（清浄）
□⑮ にちぼつの時間が早まる。（日没）
□⑯ けんぎょう農家にとつぐ。（兼業）
□⑰ のうむが立ち込める。（濃霧）
□⑱ 仲のよいしまい。（姉妹）
□⑲ ごくひの任務に就く。（極秘）
□⑳ ちつじょを保つ。（秩序）
□㉑ だとうな判断を下す。（妥当）
□㉒ 大勢がとうほん西走する。（東奔）
□㉓ 喜怒あいらくを顔に表す。（哀楽）
□㉔ 軽挙もうどうをつつしむ。（妄動）
□㉕ しっぷうじんらいの働き。（疾風迅雷）
□㉖ げいいん馬食は体に毒だ。（鯨飲）
□㉗ おんこうとくじつな人柄。（温厚篤実）

漢字に親しもう1 教40ページ

□① 論文のようしをまとめる。（要旨）
□② 参加者のめいぼを作る。（名簿）
□③ 名前のきにゅうらん。（記入欄）
□④ 開会式で選手がせんせいする。（宣誓）
□⑤ 雑誌にげんこうを書く。（原稿）
□⑥ ろうそくのしんを切る。（芯）

間違えやすい漢字は□の色が赤いよ!

□⑦ 条件をかじょうがきで示す。（箇条書）
□⑧ はいけい、お元気ですか。（拝啓）
□⑨ 地図をけいたいする。（携帯）
□⑩ 敵の作戦をそしする。（阻止）
□⑪ 国民からそぜいを徴収する。（租税）
□⑫ 注意をかんきする。（喚起）
□⑬ 頭におうかんをいただく。（王冠）
□⑭ 施設でほうし活動を行う。（奉仕）
□⑮ 山脈のさいこうほうに登る。（最高峰）
□⑯ 停戦のふくいんがもたらされる。（福音）
□⑰ けびょうを使って仕事を休む。（仮病）
□⑱ ぶあいで手数料を支払う。（歩合）
□⑲ 新商品をさっそく試す。（早速）
□⑳ お寺でしゃきょうを体験する。（写経）
□㉑ 新幹線でけいはん方面に行く。（京阪）
□㉒ 会社の仕組みをずしする。（図示）
□㉓ 神社の門に立つにおうぞう。（仁王像）
□㉔ しゅうとくぶつを警察に届ける。（拾得物）
□㉕ 金じゅうまんえんの小切手。（拾(十)万円）

クマゼミ増加の原因を探る

教 42～51ページ

□① チョウがさなぎからうかする。（羽化）
□② 海で魚をとる。（捕）
□③ けんちょな特徴がみられる。（顕著）
□④ セミの抜けがら。（殻）
□⑤ ほそうされた道路。（舗装）
□⑥ 空気がかんそうする。（乾燥）
□⑦ かれ枝でたき火をする。（枯）
□⑧ サケのさんらん時期になる。（産卵）
□⑨ 植物がきゅうみんする。（休眠）
□⑩ 海にもぐって貝をとる。（潜）
□⑪ 風雪にたえる。（耐）
□⑫ 痛みをかんわする。（緩和）
□⑬ 気温がれいど以下になる。（零度）
□⑭ やわらかいおかゆを食べる。（軟）
□⑮ 獲物をねらう。（狙）
□⑯ 国語はひっす科目だ。（必須）

□⑰ 急な雨にあう。（遭）

□⑱ 態度をこうかさせる。（硬化）

具体と抽象 教52〜53ページ

□① ちゅうしょう的な議論。（抽象）

□② いりょう現場で働く。（医療）

□③ 部屋のかべに絵を掛ける。（壁）

□④ げんかんで客を出迎える。（玄関）

□⑤ がっくりとかたを落とす。（肩）

漢字に親しもう2 教58ページ

□① いかんの意を表明する。（遺憾）

□② じあいに満ちたまなざし。（慈愛）

□③ よゆうをもって家を出る。（余裕）

□④ そぼくな人柄が愛される。（素朴）

□⑤ かんだいな処置に感謝する。（寛大）

□⑥ はんざつな手続きをふむ。（煩雑）

□⑦ きぐの念を抱く。（危惧(惧)）

□⑧ 行動をさまたげる。（妨）

□⑨ 同じメニューであきる。（飽）

□⑩ 野山に薬草がしげる。（茂）

□⑪ 塩分をひかえる。（控）

□⑫ ごらく映画を見る。（娯楽）

□⑬ 一流品にもそんしょくがない。（遜色）

□⑭ 部活にかんゆうする。（勧誘）

□⑮ 役所にこんいん届を出す。（婚姻）

□⑯ ごうじょうな子供に手を焼く。（強情）

□⑰ 苦戦をしいられる。（強）

□⑱ 勝利のめがみがほほ笑む。（女神）

□⑲ てんにょの羽衣（ごろも）の伝説。（天女）

メディアを比べよう／メディアの特徴を生かして情報を集めよう／「自分で考える時間」をもとう 教60〜66ページ

□① 友達にあてた手紙。（宛）

□② 世界でかつやくしている選手。（活躍）

□③ 展覧会がかいさいされる。（開催）

□④ まんがを読む。（漫画）

□⑤ 公民館にひなんする。（避難）

間違えやすい漢字は□の色が赤いよ!

□⑥ 雑誌にけいさいされた記事。（掲載）
□⑦ つなみの情報に注意する。（津波）
□⑧ 台風でひがいが出る。（被害）
□⑨ 本屋でしょせきを買う。（書籍）

短歌に親しむ

教68～71ページ

□① 詩に気持ちをたくす。（託）
□② 絵画をかんしょうする。（鑑賞）
□③ ていねいに作業する。（丁寧）
□④ 人のやさしさが身にしみる。（優）
□⑤ まきばで草をはむ馬。（牧場）
□⑥ あざやかな色どり。（鮮）
□⑦ さわやかな朝の空気。（爽）
□⑧ きょうりゅうの化石を発見する。（恐竜）
□⑨ 黄色いすいせんの花。（水仙）
□⑩ わが物顔で歩き回る。（我）
□⑪ ゆうぜんと構える。（悠然）
□⑫ 語学にすぐれる。（優）
□⑬ いってきの水。（一滴）

言葉の力

教74～77ページ

□① 本を読んでごいを増やす。（語彙（彙））
□② あわい色の服。（淡）
□③ 心にひめた思い。（秘）
□④ はなやかなドレスを着る。（華）
□⑤ 砂糖をにつめる。（煮詰）
□⑥ 風景がのうりに浮かぶ。（脳裏）
□⑦ 茶道のせいずいを学ぶ。（精髄）

言葉1 類義語・対義語・多義語

教78～79ページ

□① 布地を手でさく。（裂）
□② かさをさして歩く。（傘）
□③ 軒下にふうりんを下げる。（風鈴）
□④ ぶたにくの料理を作る。（豚肉）
□⑤ 本をこうにゅうする。（購入）
□⑥ れんかな品物を買う。（廉価）
□⑦ 意見をしんしに受け止める。（真摯）
□⑧ 理論をじっせんする。（実践）
□⑨ しんちょうに行動する。（慎重）

□⑩ けいそつな行動は控える。（軽率）

言葉を比べよう 教80～81ページ

□① 抽象的ながいねん。（概念）
□② きくの花を育てる。（菊）
□③ 大きななべでカレーを作る。（鍋）
□④ えんぴつを削る。（鉛筆）
□⑤ じゅようと供給のバランス。（需要）

翻訳作品を読み比べよう 教84～85ページ

□① 外国語の本をほんやくする。（翻訳）

盆土産 教92～105ページ

□① おぼんに帰省する。（盆）
□② 野菜をぬか床（どこ）につける。（漬）
□③ びんかんに反応する。（敏感）
□④ とうとつに立ち上がる。（唐突）
□⑤ 間違いをていせいする。（訂正）
□⑥ 川魚をつる。（釣）
□⑦ きそばをゆでる。（生）
□⑧ いろりで汁を煮る。（囲炉裏）
□⑨ 魚をくしやきにする。（串焼）
□⑩ 水がにごる。（濁）
□⑪ ふきつな予言。（不吉）
□⑫ 成長いちじるしい会社。（著）
□⑬ ぬまに生息する魚。（沼）
□⑭ 野菜のかきあげを作る。（揚）
□⑮ じゃがいもをすりつぶす。（潰）
□⑯ 硬い肉をかみくだく。（砕）
□⑰ だえきが口にあふれる。（唾液）
□⑱ わんきょくして流れる川。（湾曲）
□⑲ つぶぞろいの選手が集まる。（粒）
□⑳ 水面で魚がはねる。（跳）
□㉑ 畑をさくで囲う。（柵）
□㉒ 体の不調を気にやむ。（病）
□㉓ 砂糖のかたまり。（塊）
□㉔ 鍋にふたをする。（蓋）
□㉕ れいとう食品を買う。（冷凍）
□㉖ えらそうな態度が鼻につく。（偉）

間違えやすい漢字は□の色が赤いよ!

□ ㉗ 魚がこげる。（焦）
□ ㉘ ちみつな計算。（緻密）
□ ㉙ 勉学にしょうじんする。（精進）
□ ㉚ 言葉がふめいりょうだ。（不明瞭）
□ ㉛ しょくたくにおかずを並べる。（食卓）
□ ㉜ がけっぷちに立つ。（崖）
□ ㉝ バスのしゃしょうさん。（車掌）

字のない葉書　教 106〜111ページ

□ ① 手紙の宛名に「〜どの」と書く。（殿）
□ ② 朝のあいさつをする。（挨拶）
□ ③ 照れしょうな性格。（性）
□ ④ 他人ぎょうぎな態度。（行儀）
□ ⑤ はだぎを洗う。（肌着）
□ ⑥ 着物をぬう。（縫）
□ ⑦ ぞうすいを作る。（雑炊）
□ ⑧ ぼたもちを食べる。（餅）
□ ⑨ 口からはき出す。（吐）
□ ⑩ いたずらをしかる。（叱(叱)）
□ ⑪ 大声でさけぶ。（叫）

言葉2　敬語　教 117〜119ページ

□ ① 明日十時にうかがいます。（伺）
□ ② らいひん席に案内する。（来賓）
□ ③ おろかなこういを改める。（行為）
□ ④ 適切なけんじょうごを使う。（謙譲語）
□ ⑤ ほうめい帳に名前を書く。（芳名）
□ ⑥ おんしゃまでお送りいたします。（御社）
□ ⑦ つつしんでぐけんを申し述べる。（愚見）
□ ⑧ へいしゃの製品をご覧ください。（弊社）
□ ⑨ 師にせっちょを献(けん)本する。（拙著）
□ ⑩ 記念にそしなを進呈する。（粗品）
□ ⑪ お風(ふ)ろを沸かす。（呂）
□ ⑫ 連歌とはいかい。（俳諧）

漢字2　同じ訓・同じ音をもつ漢字　教 120〜121ページ

□ ① 医者が病気をごしんする。（誤診）
□ ② 失礼をちんしゃする。（陳謝）
□ ③ らくのうで生計を立てる。（酪農）

□④かんがいにふける。（感慨）
□⑤しんし的な振る舞い。（紳士）
□⑥公共のふくしに携わる。（福祉）
□⑦りんり観に基づいた判断。（倫理）
□⑧問題の解決をはかる。（図）
□⑨審議委員会にはかる。（諮）
□⑩作戦の指揮をとる。（執）
□⑪お寺のかねの音。（鐘）
□⑫鉄で鍋をいる。（鋳）
□⑬大雨で家がしんすいする。（浸水）
□⑭くじゅうを飲まされる。（苦汁）
□⑮くじゅうの決断をする。（苦渋）
□⑯他国の内政にかんしょうする。（干渉）
□⑰心のへいこうを保つ。（平衡）
□⑱繁栄をきょうじゅする。（享受）
□⑲人生のきせきをたどる。（軌跡）

漢字に親しもう 3

教 122ページ

□①レストランのはいぜん係。（配膳）
□②かいそうサラダを食べる。（海藻）
□③ビタミンをせっしゅする。（摂取）
□④日本酒をじょうぞうする。（醸造）
□⑤パンにはちみつをぬる。（蜂蜜）
□⑥昼食にめんるいを食べる。（麺類）
□⑦お客にせんちゃを出す。（煎(煎)茶）
□⑧ガスをじゅうてんする。（充塡(填)）
□⑨絵画展でかさくに入賞した。（佳作）
□⑩道路のおうとつをならす。（凹凸）
□⑪街頭でぼきんをする。（募金）
□⑫自信かじょうになる。（過剰）
□⑬食器用のせんざいを買う。（洗剤）
□⑭夕日にはえる山。（映）
□⑮生活態度をかえりみる。（省）
□⑯歴史小説をあらわす。（著）
□⑰社長におす。（推）

間違えやすい漢字は□の色が赤いよ!

⑱ 布地をたつ。（裁）
⑲ 食をたって一心に祈る。（断）

モアイは語る――地球の未来 教124～131ページ

① きょだいな建造物。（巨大）
② 海のことうで暮らす。（孤島）
③ ぼうだいな情報を整理する。（膨大）
④ なぞを解明する。（謎）
⑤ 野菜をさいばいする。（栽培）
⑥ 軽いぎょうかいがんの石像。（凝灰岩）
⑦ たいていのことは理解できる。（大抵）
⑧ 荷物をうんぱんする。（運搬）
⑨ 川底のたいせきぶつを除去する。（堆積物）
⑩ じょじょに暖かくなる。（徐々）
⑪ たきぎを集める。（薪）
⑫ 権利をほうきする。（放棄）
⑬ 波が海岸をしんしょくする。（侵食）
⑭ 武力こうそうを繰り返す。（抗争）
⑮ 地震がひんぱつする。（頻発）
⑯ 建物がほうかいする。（崩壊）
⑰ 渋滞がこうじょうかする。（恒常化）
⑱ 食料不足できが状態になる。（飢餓）
⑲ しっこくの夜空。（漆黒）
⑳ 天国とじごく。（地獄）

根拠の吟味 教132～133ページ

① 内容をぎんみする。（吟味）
② 物事の経緯をはあくする。（把握）
③ 意見がいっちする。（一致）

漢字に親しもう4 教138ページ

① かまくら時代の歴史を学ぶ。（鎌倉）
② こふんから石器が出土する。（古墳）
③ じんとう指揮に立つ。（陣頭）
④ 原生林をかいたくする。（開拓）
⑤ しゅりょうにたけた民族。（狩猟）
⑥ 戦争がぼっぱつする。（勃発）
⑦ 住居のこんせきが見つかる。（痕跡）
⑧ おくびょうな性格。（臆病）

□⑨ かいしょで文字を書く。（楷書）
□⑩ 貴族のていたく。（邸宅）
□⑪ がいこつの標本。（骸骨）
□⑫ がいとう部分に下線を引く。（該当）
□⑬ 講師を外部にいしょくする。（委嘱）
□⑭ じゅばくを解く。（呪縛）
□⑮ 法律の改正をしさする。（示唆）
□⑯ 恩師におせいぼを贈る。（歳暮）
□⑰ 演劇のいしょうを作る。（衣装）
□⑱ やり遂げるのは至難のわざだ。（業）
□⑲ 秘密をばくろする。（暴露）

月夜の浜辺 教144〜145ページ

□① 聞くにしのびない話。（忍）

扇の的――「平家物語」から 教151〜157ページ

□① おうぎであおぐ。（扇）
□② わずかな食料を分ける。（僅（僅））
□③ とつじょ、敵の大軍が現れる。（突如）
□④ 小さなふねで川を渡る。（舟）
□⑤ 中宮に仕える女ぼう。（房）
□⑥ 馬のたづなを引き絞る。（手綱）
□⑦ 波間にただよう。（漂）
□⑧ 恥ずかしさでおもてを赤らめる。（面）
□⑨ 漁場になっている小さなうら。（浦）
□⑩ 聞くにたえない言い訳。（堪）
□⑪ 偉人のいつわを集める。（逸話）
□⑫ 武者はちじゅうよきが駆け去る。（八十余騎）
□⑬ 失敗をちょうしょうされる。（嘲（嘲）笑）

仁和寺にある法師――「徒然草」から 教158〜161ページ

□① するどい考察。（鋭）
□② 実力で兄にまさる。（勝）

漢詩の風景 教162〜168ページ

□① あかつきの空が白み始める。（暁）
□② ねどこから起き出す。（寝床）
□③ 特別なところのないぞくじん。（俗人）
□④ へいぼんな表現。（平凡）
□⑤ 明るいふんいきの部屋。（雰囲気）

間違えやすい漢字は□の色が赤いよ!

□⑥ 物語をしめくくる。（締）
□⑦ 落ち葉が散りしく庭。（敷）
□⑧ またの機会を待ち望む。（又）
□⑨ 日がしずむ。（沈）
□⑩ 高いろうに登る。（楼）
□⑪ 一年ろうにんする。（浪人）
□⑫ きゅうれきの正月を祝う。（旧暦）

君は「最後の晩餐」を知っているか

教170〜183ページ

□① かいぼうがくで人体を学ぶ。（解剖学）
□② りくつをこねる。（理屈）
□③ 斬新な絵にしょうげきを受ける。（衝撃）
□④ しばいの幕が上がる。（芝居）
□⑤ 湖面にすいもんが広がる。（水紋）
□⑥ 親方がでしを育てる。（弟子）
□⑦ 磔(たっ)けいに処される。（刑）
□⑧ 険しいようぼうの男たち。（容貌）
□⑨ 道幅がだんだんせまくなる。（狭）
□⑩ 学問をきわめる。（究）
□⑪ ペンキがはげ落ちる。（剝(剥)）
□⑫ 美しいしきさいの絵画。（色彩）
□⑬ すでに決着がついた話。（既）
□⑭ 物のりんかくをなぞる。（輪郭）
□⑮ 詩の出来映えにかんたんする。（感嘆）

漢字に親しもう5

教186ページ

□① どうくつに描かれた壁画。（洞窟）
□② 美しいさんごしょう。（礁）
□③ しんじゅのアクセサリー。（真珠）
□④ めいおうせいを発見した学者。（冥王星）
□⑤ ちっそを原料とした肥料。（窒素）
□⑥ みさきに立つ灯台。（岬）
□⑦ 美しいきゅうりょう地帯。（丘陵）
□⑧ つるは千年、亀は万年。（鶴）
□⑨ おにの目にも涙。（鬼）
□⑩ やなぎに雪折れなし。（柳）
□⑪ しつじゅんな気候。（湿潤）
□⑫ ホルモンがぶんぴつされる。（分泌）

□⑬ はんよう性のある機械。（汎用）
□⑭ ひよくな土地に作物を植える。（肥沃）
□⑮ ちのみ子の世話をする。（乳飲）
□⑯ おおあざが付く住所を調べる。（大字）
□⑰ ゆえあって早退する。（故）
□⑱ 祖父母のおもかげを探す。（面影）

研究の現場にようこそ

教 188〜190ページ

□① ぜつめつした恐竜。（絶滅）
□② ほにゅうるいの骨格標本。（哺乳類）
□③ ごうかな景品が並ぶ。（豪華）
□④ 危険をともなう仕事。（伴）
□⑤ バイオリンのげんを張る。（弦）
□⑥ 夕食作りに悪戦くとうする。（苦闘）

走れメロス

教 196〜213ページ

□① じゃちぼうぎゃくを尽くす。（邪知暴虐）
□② 満面笑顔のはなむこ。（花婿）
□③ はなよめに祝いを述べる。（花嫁）
□④ しゅくえんでスピーチする。（祝宴）
□⑤ 王がけんしんに国政を任せる。（賢臣）
□⑥ 子供をひとじちにとる。（人質）
□⑦ 王宮のけいりの仕事に就く。（警吏）
□⑧ みけんにしわを寄せる。（眉間）
□⑨ たみの安全を保障する。（民）
□⑩ 苦労にむくいる。（報）
□⑪ いのちごいをする。（命乞）
□⑫ 宿屋のていしゅ。（亭主）
□⑬ いっすいもせずに見張る。（一睡）
□⑭ 目的地にとうちゃくする。（到着）
□⑮ 神々をさいだんにまつる。（祭壇）
□⑯ 宴席をととのえる。（調）
□⑰ 申し出をしょうだくする。（承諾）
□⑱ しんろうの友人のスピーチ。（新郎）
□⑲ むし暑い夜が続く。（蒸）
□⑳ 研究にしょうがいをささげる。（生涯）
□㉑ 荒波で船によう。（酔）
□㉒ こぶしを握る。（拳）

間違えやすい漢字は□の色が赤いよ!

□㉓ 勇気がわく。（湧）
□㉔ 川がはんらんする。（氾濫）
□㉕ 荒れくるう海に船出する。（狂）
□㉖ 愛とまことを尽くす。（誠）
□㉗ さんぞくに襲われる。（山賊）
□㉘ 一瞬のすきを突く。（隙）
□㉙ 指示をあおぐ。（仰）
□㉚ 気力がなえる。（萎）
□㉛ いもむしがチョウになる。（芋虫）
□㉜ ろぼうに咲く花。（路傍）
□㉝ しんくのばらの花を贈る。（真(深)紅）
□㉞ 敵をあざむく。（欺）
□㉟ ひれつな行為を非難する。（卑劣）
□㊱ みにくい行い。（醜）
□㊲ ししを投げ出して眠る。（四肢）
□㊳ ボールをけとばす。（蹴飛）
□㊴ 勤め人らしいふうてい。（風体）
□㊵ ぜんらたいの古代ギリシャの像。（全裸体）
□㊶ 冷たい仕打ちをうらむ。（恨）
□㊷ 我が子をほうようする。（抱擁）
□㊸ 祝賀会でばんざいを叫ぶ。（万歳）

漢字に親しもう 6

教 214ページ

□① めんえきりょくが増す。（免疫力）
□② 小型のほちょうきを買う。（補聴器）
□③ 体調を崩してやせてしまう。（痩）
□④ じゅんかんきの病気にかかる。（循環器）
□⑤ 適切な治療で病気がちゆした。（治癒）
□⑥ にょうけんさの結果を聞く。（尿検査）
□⑦ ひふかで薬をもらう。（皮膚科）
□⑧ 時期しょうそうだと諭される。（尚早）
□⑨ 契(けい)約を白紙てっかいする。（撤回）
□⑩ 勇猛かかんに敵に挑む。（果敢）
□⑪ しんぼう遠慮の策が当たる。（深謀）
□⑫ この物語はふきゅうの名作だ。（不朽）
□⑬ 倹(けん)約をしょうれいする。（奨励）
□⑭ 病気のしょうれいを記録する。（症例）

□⑮ かせんの増水に注意する。（河川）
□⑯ はたおり体験に挑戦する。（機織）
□⑰ 大型りょかくきで渡米する。（旅客機）
□⑱ しょうにかで健診を受ける。（小児科）

言葉3　話し言葉と書き言葉

教 220〜221ページ

□① あいまいに笑ってごまかす。（曖昧）
□② 新聞のこうえつ作業。（校閲）

漢字3　送り仮名

教 222〜223ページ

□① 机にひじをつく。（肘）
□② 川のつつみを散策する。（堤）
□③ 百歳のことぶきを保つ。（寿）
□④ 彼は名人のほまれが高い。（誉）
□⑤ ばらの花がかおる。（薫）
□⑥ 巧みな言葉で人をあやつる。（操）
□⑦ いたずら者をこらしめる。（懲）
□⑧ つつしんで任務を請け負う。（謹）
□⑨ ねばり強く説得する。（粘）
□⑩ 根性をきたえ直す。（鍛）
□⑪ 勉強をなまける。（怠）
□⑫ 注意をおこたる。（怠）
□⑬ 疲労で動きがにぶい。（鈍）
□⑭ みんなが知っているわらべうた。（童歌）
□⑮ ほがらかに笑う。（朗）
□⑯ すこやかな成長を祈る。（健）
□⑰ うれいを帯びた横顔。（憂）
□⑱ かたよった考えを捨て去る。（偏(片寄)）

木

教 228〜230ページ

□① 暗い空にいなずまが走る。（稲妻）

間違えやすい漢字は□の色が赤いよ!

1年生で学習した漢字

□① 植物のとくちょうをまとめる。（特徴）
□② 山をこえて隣町に行く。（越）
□③ 十万人をこえる観衆。（超）
□④ 環境おせんが進む。（汚染）
□⑤ 研究にけんめいになる。（懸命）
□⑥ 提案をきょひする。（拒否）
□⑦ 植物のさいぼうを観察する。（細胞）
□⑧ 問題点をしてきする。（指摘）
□⑨ 長いきょりを移動する。（距離）
□⑩ こんきょに基づいた意見。（根拠）
□⑪ 数学のきそ問題を解く。（基礎）
□⑫ 一時的な記憶そうしつになる。（喪失）
□⑬ 資料をせいきゅうする。（請求）
□⑭ 詩にひゆ表現を用いる。（比喩(喩)）
□⑮ 会議の場にきんちょうが走る。（緊張）
□⑯ 森の木をばっさいする。（伐採）
□⑰ 友人をしょうかいする。（紹介）
□⑱ ばくはつ的に売れた商品。（爆発）
□⑲ しんせきの家に泊まる。（親戚）
□⑳ こうかん条件を出す。（交換）
□㉑ 茶菓をえんりょする。（遠慮）
□㉒ ひかげで休む。（日陰）
□㉓ パソコンがふきゅうする。（普及）
□㉔ 会議がえんかつに進む。（円滑）
□㉕ 不測の事態をけいかいする。（警戒）
□㉖ じょうきょうの分析を急ぐ。（状(情)況）
□㉗ きょうい的な成長を遂げる。（驚異）
□㉘ ぐうぜんをよそおう。（偶然）
□㉙ むじゅん点を指摘する。（矛盾）
□㉚ 被災地へのしえん活動。（支援）
□㉛ かんぺきに習得する。（完璧）
□㉜ 成功をじまんする。（自慢）
□㉝ ゆかいな物語を読む。（愉快）
□㉞ けいべつをあらわにする。（軽蔑）
□㉟ 新しいかへいを流通させる。（貨幣）